750

La media distancia

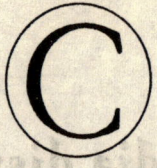

1984, ALEJANDRO GANDARA

DE ESTA EDICION:

1984, EDICIONES ALFAGUARA, S. A. - PRINCIPE DE VERGARA, 81 - 1.º
28006 MADRID - TELEFONO 261 97 00
I.S.B.N.: 84-204-8028-2
DEPOSITO LEGAL: M. 32.706-1984

LA MAQUETA DE ESTA COLECCION Y EL DISEÑO DE LA CUBIERTA
ESTUVIERON A CARGO DE ENRIC SATUE

Este libro ganó el Premio Prensa Canaria 1983
otorgado por un jurado compuesto por Juan Benet,
Guillermo García-Alcalde, Fernando G. Delgado,
Sebastián de la Nuez y Luis Suñén

Alejandro Gándara

La media distancia

EDICIONES
ALFAGUARA
S.A.

Alejandro Gándara

La media distancia

NOTA DEL AUTOR

Cuando empecé a escribir la novela necesité agarrarme a algo y, por esa razón, me encontré utilizando los nombres de personas que había conocido y olvidado hasta el punto de que sólo sus nombres me parecían reales.

Ese recurso sólo pretendía estimular mi imaginación y en ningún caso retratar la identidad real que pertenecía a esos nombres. Mi intención era cambiarlos más tarde.

Atrapado por el ardid, y con la novela ya enfilada, descubrí que esos nombres estaban atados a la historia que yo les iba dando y que otros nombres, valga la presunción, significaban otra novela. El nombre se queda en la conciencia del personaje, como la primera lengua se queda en la de los políglotas, en ese teatro de sombras en el que la claridad de la vida busca su perfil.

Mi ingenuidad me llevó a creer que los personajes de ficción pueden prescindir del nombre debido cuando, como es obvio, nadie se atreve a tanto en el mundo real.

Valga todo ello como recuerdo de esos amigos, ya perdidos cada cual en su distancia.

Alejandro Gándara.

La media distancia

CRISIS I

Ya lo veo venir. A Lucio voy a tenerlo a la espalda toda la mañana. Yo siempre le he visto cara de loco. Cree que es Batainen y que en los metros finales se lleva a todos por delante. En realidad, no es tan rápido, pero le gusta creerlo, y eso complica los entrenamientos. A quien más me complica es a mí: los dos sabemos que el curso que viene sólo habrá beca para uno. ¿Haría lo mismo, incluso si no hubiera un motivo? Creo que haría lo mismo; es esa cara de loco la que no quiero que pase por delante de mí. Por el ranking me daría igual, y por la beca quizá también; pero no por la cara. Quiero tenerla detrás, sufriendo, y que no pase por ella ese regocijo de triunfador, que también es de loco.

Ahí viene otra vez. Ni siquiera el calentamiento es una tregua para él. ¿Por qué no le dejo pasar? ¿Estoy tan loco como él? Por lo menos tan loco. Y yo tampoco tengo un motivo excelente. Hace dos temporadas que no tengo un motivo. Fue en Vigo, en las pistas del Celta. A veinte metros, nos emparejamos tres. Uno de Barcelona, el del Celta y yo. Entonces me puse a mirarles. El de Barcelona me vio con el rabillo del ojo, rápidamente, como si me dirigiera un insulto. El sprint final es una cosa muy seria, parecía decirme, muy seria, y te advierto que tú también estás implicado. Yo lo sabía, pero no podía dejar de mirarles. Iban por la calle de afuera y su boca era sólo un rictus fláccido, y sus ojos una neblina llorosa, y su cuerpo un enramado a punto de quebrarse. ¿Qué hacía yo mirándoles?

Tengo la impresión de que aquellos veinte metros duraron una eternidad. Una eternidad de diálogos, gestos, vacilaciones y pensamientos atropellados, al unísono. Quedaba el público de la tribuna, puesto en pie. Quizá jaleaba o amenazaba o reía, pero yo sólo veía estatuas ensombrecidas con voz ajena. Sólo les pertenecía aquella rigidez que se limitaba a presenciar y acaso a exigir. Me imaginé que al final de la prueba todos seríamos convertidos en estatua. De pronto, mis piernas flaquearon, tropecé con el bordillo y caí sobre la calle de saltos. Me sonreí al pensar que no sería convertido en estatua. Los ojos de Barbeitos miraron inquisitivamente, mientras permanecía en el suelo. No se atrevió a preguntar por la sonrisa. Sólo me miró con desencanto.

Al principio, había otras cosas. Pero no estoy seguro de no inventarlas para poder decirlas. ¿Y si desde el principio no hubiera nada, ninguna justificación para diez años de kilómetros y de cansancio y de yogures? ¿Estoy seguro de no ser algo más que mis dos piernas? Creo que también les pasa a otros. Un día descubren que su existencia la tienen concentrada en el estómago, en la retina, en el cerebro. Me pregunto si cada uno de ellos es verdaderamente algo más, algo designable por la totalidad. O si la desgracia consiste en una división que el tiempo acentúa, hasta pensar que la división no existe.

Ahora tengo la disculpa de la Filosofía y los estudios. Sé que en el otro extremo hay algo que también es mío. En el otro extremo de la competición y del miedo. Si eso cambia verdaderamente las cosas, no quiero preguntármelo hoy. Lo poseído es lo que importa, y estoy lejos de poseer el Latín y la Lógica. Mis dos piernas, en cambio, son realmente mías. ¿Pero mis dos piernas son «realmente» mías? Después de lo de Vigo, esta pregunta tiene un sentido.

El Lucio llega a codazos. Parece mentira, el tío. Un día se los va a hinchar a alguno. No me engaña: se está midiendo, quiere saber cómo ruedo esta mañana. Un poco de pesadez y las series de quinientos no hay quien las acabe. Quiere saber si puede apostar a fondo después, delante de Barbeitos. Está indagando, incluso, si la última serie podría ser suya. Si pasa, hoy va a por mí con todas las de la ley. Si no pasa, me va a dejar machacado, y ya puedo ir celebrando una siesta de dos horas en defecto de la clase de Lógica. Tampoco tengo la obligación de llevar siempre la cabeza. Barbeitos lo entenderá. De sobra conoce el estado de mi rodilla. Cinco meses de zapato lastrado, sentado en el plinto, una hora de extensiones, mil repeticiones, pensando «ésta para Lucio», «ésta para su madre», «ésta...».

Le traicionan los nervios. Si estuviera seguro de su fuerza podría esperar. Tiene un año menos y el que viene puede ser el suyo. Por qué no espera. Espera, estúpido, déjame un año para entendérmelas con la lógica, qué más te da: la beca para ti, la fama para ti, el podio y el recorte de periódico, pero déjame a solas este año, cara de chivo.

Barbeitos lo entenderá. Que pase. Las series de quinientos serán otra cosa. Allí le daré hule. Está la rodilla, el frío, que no me acomodo a Madrid, que tenía una novia, la pensión, que los martes me dan murrias, está la moral, la airosa moral del corredor de fondo colgada de lo alto, con una luminosidad de neón («Resiste-Persiste-Cronifica»); pero yo soy de media distancia y mi letrero de moral luminosa está mucho más bajo, y a veces se le ven los pedazos fundidos. Cuando le diga todo eso a Barbeitos, si es que me acuerdo de todo, Barbeitos lo entenderá. Que pase, por qué no, esto es sólo un calentamiento.

Un momento: esa cara de loco por aquí no pasa. Ni una palabra más.

Llevamos veinte minutos de rodaje. Si continúo pensando a este ritmo, acabaré mareado. Entonces no valdrá el pretexto de la rodilla, ni los pedazos fundidos de la moral. Pero no puedo evitar pensar que desde los trece años estoy haciendo lo mismo. Se me remueve la memoria.

Salía a las siete de la mañana. Atravesaba los campos de un lugar llamado Ciudad Rodrigo. Volvía antes del desayuno. Llevaba un pantalón corto, demasiado estrecho, y unas sandalias de goma. En invierno me abrigaba con un jersey. Después subía al Instituto y me venían las imágenes de aquel amanecer. Era mejor que compararse con los niños de ropa cuidada y con las niñas que no te miraban. Mejor también que soportar la indiferencia de profesores convencidos de que los alumnos que no pagaban clases particulares, no llegarían muy lejos. Nadie, sin embargo, se atrevió a lanzarme a la cara aquellas palabras que le decían a Jerry Lewis en una película: «No te apures, Charlie. Tú eres de los que pierden.» Esas palabras las estuve esperando muchos años, porque creo en el poder de las palabras, pero nadie las dijo. Creo que el poder de las palabras se refiere a que comprometen con la realidad. No son dogmas, sino manipulaciones que dejan al descubierto el lugar en el mundo. Luego, uno puede rebelarse también contra ellas. Uno puede rebelarse también contra el mundo, pero a condición de que existan las palabras. No me dijeron lo que yo padecía allí cada mañana, con toda la evidencia. Me quitaron el poder de rebelarme, con aquel silencio.

Las sandalias de goma resbalaban entre las piedras. El pie sudaba, aun con calcetines de lana. Yo respiraba hondo y no llevaba reloj. Quería meterme poco a poco en las alamedas, viendo cómo se me echaba la mancha verde encima, oscura de repente, y me mostraba un sendero de tierra clara y aplastada que se hacía adivinar. Corría toda la margen del río, hasta un coto que había y un molino abandonado. El molino tenía apariencia de castillo de otra época y, de vez en cuando, salían de mi imaginación huéspedes de aquel lugar, entre ellos una muchacha extrañada que me seguía con los ojos. Entonces corría más deprisa y, a poco de perder el castillo-molino de vista, me sentía agotado y estúpido, más niño aún de lo que era. No me gustaba aquella sensación. Volvía al molino y andaba entre las piedras derruidas, las ventanas ciegas, las escaleras quemadas. No subía nunca. Por un boquete se veía el río y el puente romano. Más allá estaba una cancela y una prensa con sus rodamientos oxidados, en medio de la humedad y de la cal ennegrecida. Me invadía el sentimiento de que yo era un hombre solo que existía entre las ruinas de algo que tuvo tiempos mejores. De pronto, la nostalgia. Nostalgia de algo que no tenía que ver conmigo, de una casa sin historia, pero ferozmente atravesada, como si me hubieran robado lo que era mío.

No sé qué tiempo pasaba en el molino. Quizá tanto o más que corriendo. Si hubiera llevado un reloj, ahora tendría el dato y descubriría si disfrutaba corriendo o aquellas galopadas eran como viajes nostálgicos, a falta de cosas verdaderas.

Mi padre, que creyó haber descubierto una vocación atlética, trataba de convencerme inútilmente de la necesidad de cronometrar el tiempo. Me quería ver dando vueltas a la manzana en un tiempo récord. Ante la perspectiva, las piernas se me agarrotaban, se me endurecía el estómago y acababa por salir huyendo. Un día que le dejé plantado, me dijo: «Así, te vas a quedar como tu padre.» Me lo escupió tan poco a propósito, que no lo entendí. Creí que se refería a mí, a mí por entero, y no a las carreras. Quedé pasmado y cada vez que recuerdo la frase, es como si me hundieran los dedos en el pecho. El reloj era sencillamente un intruso, el tiempo era un intruso. Yo no aceptaba nada en aquel espacio puro, ni a nadie. Conservarlo era como conservar el amor a alguien, preferible al alguien mismo; con ese amor, como otros con el suyo, todavía podía aspirar a una vida mejor.

Barbeitos me mira recelosamente. Cojear es lo mejor que puedo hacer dadas las circunstancias. Lucio hace abdominales con cara satisfecha. Está sano el muchacho. Cojeo hasta lo indescriptible. Está claro que es por mi rodilla. Se ha dado la vuelta, ¡diablo! Más vale que empiece a estirarme. Estoy duro como un palo. Voy a ir cojeando hasta él y le digo que está hinchada, que vuelvo. No me atrevo: conozco esa indiferencia. Quiere decir «cobarde». Después de todo, la rodilla no me duele tanto. Tengo miedo a perder hoy. Me gustaría pedirle a Barbeitos que no me dejara perder hoy. Y él me preguntaría: «¿Por qué hoy?» Y yo le contaría todas las mentiras que he almacenado desde el gimnasio. Está escrito, muchacho, hoy tendrás tus banderillas de fuego. Tengo miedo. Miedo como el de la primera vez, miedo insoportable a demostrar cosas, cuando lo que apetece es no sentir, no mirar, mientras los otros se vacían compitiendo. Se me acerca Bilbao. Dice que estoy muy callado. Me sonríe y se va pegando brincos. Conmigo, es el mayor, y tiene como una sutileza en las piernas que le da una zancada muy muelle, casi felina, conquistada con el tiempo, cantidad generosa de tiempo mal pagada. A partir de las siete, es celador en una fábrica en la que pasa doce horas. En los últimos cinco años no ha bajado sus propias marcas. Siempre hace una temporada de invierno discreta, para hundirse en el verano. Me contó al principio que también tuvo una beca pequeña que le permitía no hacer días festivos en la fábrica. Su doble sesión la dejaba para el domingo, y además le quedaba tiempo para ir con su mujer al cine. Una primavera empezó a orinar sangre y el médico le aconsejó descanso. Estuvo un año parado, porque le dijeron que era un problema psicológico, que en el cuerpo no le encontraban mal alguno. Volvió después, pero atemorizado. Barbeitos le empujaba a dejarlo completamente, que ya no sería igual que antes y se lo pasaría sufriendo. Siguió asistiendo a los entrenamientos, acobardado, siempre al final, arrastrado por la costumbre. Y se quedó para vigilar el fondo de los juveniles, cuando se marchaban a hacer kilómetros. Barbeitos continuaba pensándole las estaciones y los objetivos que nunca se cumplían, como a un amigo, más que nada. Es una institución, tiene su sitio, como a él le gusta decir. Si algún día dejo todo esto, me acordaré de Bilbao.

Sonó la primera serie. Gazapo en el estómago: síntoma reconocible. Me da por fijarme en las copas de los árboles, casi desnudas, con hojas amarillas que resisten. También el cielo, un cielo crudo, inmaterial, uniforme. Tengo la impresión de estar corriendo por él. Salida y zapatazos. Marca el ritmo Bilbao, en evitación de vagancias. Mogollón. Voy a salir por fuera. Corro por el cielo, alegre y diáfano, sin el peso de las suelas. Los brazos bajos, intangibles, como haciendo rebaño de nubes. Doscientos metros. Bilbao se queda. Estrecho vigilancia y me cruzo hacia adentro. Sale un juvenil que no sabe dónde va. Otro. Me pego discretamente. Por el cielo, con los brazos bajos, sin barro, sin invierno, sin Lucio, sin músculos. No pensar en nada, porque eso es trabajo, el trabajo un peso, el peso mayor que altera el ritmo. Trescientos. ¡Lucio, como una bala! Los juveniles atrás, zombies totales, con el pulmón agarrado. Nos vamos cinco con Lucio. No resopla; yo, en cambio, me siento como un fuelle antiguo. Me quedaría, pero me empujan desde atrás. Lucio cambia, el animal, y se va solo. Me entra una desesperación pequeñita, porque la asfixia es mayor. Debería seguirle. Sin querer le estoy siguiendo. A cincuenta está Barbeitos. Tiene un crono en cada mano. Los dos cronos son nuestros dos corazones y empiezo a escuchar el mío, que se va emparejando con el de Lucio. El suyo no le oigo. Ahora sí. Le he pescado a veinte metros. No es cuestión de picarse: regla de oro de este deporte. Hay que llegar juntos, hermanados, en un tiempo único. Cruzamos y suena el clic. De pronto, estoy mirando el suelo como si me fueran a enterrar en él. Lo miro fijamente y alguien me da por detrás. La ley dice que hay que moverse. Trotando, veo el cielo otra vez. Hasta dentro de siete minutos.

La primera vez era un anuncio. Decía: «I Vuelta Pedestre a Ciudad Rodrigo. Patrocinada por el Excmo. Ayuntamiento. Trofeo "Galerías Núñez"». Y después venían las horas, categorías, una impresión publicitaria y el nombre de la imprenta. Arriba, en una franja limitada por trazos negros, el día, un domingo de 1965.

Solamente pensé que la plaza estaría tan llena como en Carnaval. Odiaba el carnaval, porque mi padre tenía la costumbre de montar una barraca de vino y aceitunas, y de pasar esas fiestas aguantando a los borrachos. «Los que se van a emborrachar», me decía, «beben vino blanco por las mañanas, para aguantar. Los que se han emborrachado necesitan un alcohol más flojo en la madrugada, y beben vino blanco. Nosotros nos dedicaremos al vino blanco» (a los borrachos quería decir). Veía pasar a los conocidos del arrabal por delante del chiringuito y les invitaba a aceitunas. Algunos eran más ricos y otros más pobres. Les envidiaba por igual. En un carnaval empezó a aquejarme esa melancolía de la que no he podido librarme todavía. Como el tartamudeo, la melancolía debería quitarse con la edad. No está en ningún músculo, ni afecta a ningún órgano: es una enfermedad, primero, de la imaginación y, después, de la memoria.

Mi padre vio el cartel y ya no cupo de inquietud pensando en las posibilidades de su hijo. El hijo había decidido pasar desde temprano la mañana en el río. Le enamoraban las barcas en primavera, el agua verde y suave, los álamos. Pensaba en la mar de la que le hablaba su madre y se imaginaba un río sin límites, con la misma paz tremenda de aquellas sombras. Le amargó las comidas, le asedió en la calle, gritó, discutió con la madre y un día barrió de un puñetazo la mesa dispuesta para la comida. La madre imploró entonces. El chiquillo, accedió. Pero durante la semana no volvió a la casa del molino y se conformó con esperar aquel domingo desdichado. Le entró una amargura honda, oscura, y decidió no volver a correr nunca más, nunca; antes se tiraría por el barranco que había sobre el río y se quedaría estrellado, como una barca descuartizada contra la corriente.

Segunda serie. ¿Tan pronto? Hago un gesto como de mirar el reloj, pero no llevo reloj. Lucio ya está botando en la salida. No me he recuperado. Se me traba la cremallera del chandal: estoy casi medio minuto hurgando en ella. El amo se impacienta. Abucheo general. No quiero salir. Por fin, me meto entre la gente. Clic. El cuerpo me pesa y me hundo demasiado tiempo en la hierba. Incluso parece que me quedo clavado. Inmóvil. Cien metros. Cada vez más la sensación de que no me muevo, sensación que va desde los tobillos a la garganta. Bilbao se me presenta al costado, tan junto, que me siento empujado, apoyado, consolado, no solo. Me doy cuenta de que estamos tragando cola. Oigo los empujones de Bilbao, casi apretándome contra los de delante. Me gustará agradecérselo. Doscientos metros. No puedo irme por fuera. No puedo. Estoy inmóvil. Veo todas las coronillas que hay delante de mí, apenas a dos metros, pero están muy lejos, infranqueables, ligeras... Trescientos metros. Dolor en el pecho, a la altura del esternón. No es asfixia, estoy seguro. No podría decir qué es. Un esfuerzo que no sirve de nada. Bilbao sigue junto a mí. ¿Inmóvil también? Cuatrocientos metros. Corro con un puñal en el pecho. Quiero hablar con alguien y decirle que no es tanto desastre llegar el último, y que yo no me he esforzado, que estoy inmóvil. Miro a Bilbao; le caen mocos en los labios. Está sufriendo. Todos delante, clic. Barbeitos se acerca. Oigo palabras como «pereza» y «comodidad». Después oigo algo sobre la temporada de pista. Después, me deja sin mirarme. Siete minutos.

Mi madre me hizo un pantalón de tela blanca. En la zapatería compramos unas «Tao». Calcetines blancos. Una camiseta. Me sentía como un atleta de primera comunión. Mi padre me subió en la vespa. Cuando me bajé en la plaza, sentí vergüenza. Estaba abarrotada. Los que iban a participar se movían alegremente entre sus amigos, recogían una toalla, algunas muchachas les daban gritos. Aquel jolgorio era impropio de los que se juegan algo. Yo no quería ganar. Y perder me asustaba. Empecé a sentir una soledad atroz, y el primer gazapo en el estómago. Mi padre estaba solo también, vigilante. No sé si me dio tanta lástima como yo me daba en aquel momento, pero lo cierto es que una responsabilidad absurda, abstracta, hizo que empezara a moverme. Era una forma de vencer mi soledad y la de él. Al poco tiempo ya no podía pensar en otra cosa que en la carrera, ni desear más que el triunfo absoluto, aplastante, cruel si fuera posible. Se celebraron otras carreras. Los vencedores llegaban extenuados, mirando a todas partes tan anhelantes como antes de competir. Yo no miraría a ningún lado; aquella victoria era también una venganza y no esperaría descubrir ningún rostro amigo en la multitud. No me impresionaba la gente. Sabía que mi padre y yo estábamos solos. Le dejaría jugar con el tiempo, como cuando quería que diera vueltas a la manzana; jugar con una ilusión, tan falsa como mi aceptación y como su reconocimiento; jugar con una vida trágica como si estuviera constituida de sueños, en definitiva.

Tercera serie. Llamada. Ganar fue fácil. Salí disparado y todos pensaron que no alcanzaría la meta. Cuando bajamos el arrabal yo estaba a cincuenta metros del resto, deseoso de acabar cuanto antes. Cien metros. Ni siquiera puedo seguir a Bilbao. Tengo un garrote en la rodilla. Lucio no sé dónde está. Todo iba bien, me gustaba aquella sensación de facilidad y de potencia. Estaba completamente lleno de victoria, pero nervioso, como quien busca la comodidad en casa de un extraño. ¿Era yo el que sin duda vencería? Doscientos metros. Estoy el último, a casi veinte metros del grueso. La rodilla se pone como un globo. Pero al subir la cuesta de la catedral me oriné en los pantalones blancos. Seguí corriendo, aterrorizado por aquella mancha que iba a contemplar la ciudad entera. No podía detenerme, porque ya no estaba en mí, ni quería estarlo. Y el triunfo era superior a mi vergüenza, que era nimia comparada con la otra excitación. Trescientos metros. Bilbao me hace una seña que casi no distingo: todos han doblado ya hacia la recta final. Atravesé la meta a toda velocidad y seguí corriendo hasta llegar a casa. Mi madre me miró estupefacta. Yo quería cambiarme de pantalón. Tardó en buscarme unos pantalones cortos que se parecieran a aquéllos. Tenía que recoger el trofeo, y el tiempo se me hacía infinitamente largo. Cuatrocientos metros. Vuelvo a mirar el cielo. El cielo. Me entra una debilidad aguda, insoportable. Voy andando. Veo que los demás ya han cruzado por delante de Barbeitos. No siento el dolor de la rodilla. Sólo una ternura opaca, como de desgracia, como si se me hubiera metido toda mi historia en el cuerpo. Clic, para los demás. Cuando subía, descubrí que mi padre bajaba con el trofeo, subido en la Vespa. No tenía sentido llegar a la plaza. Me quedé a mitad de camino, entre la ciudad y el arrabal, a la sombra de un árbol viejo, vacío hasta el punto de creer que yo era otra sombra. Barbeitos me observa cuando llego. Ninguna pregunta, como en Vigo. Le estoy agradecido. Con un gesto de dureza para el cronómetro. Clic, para mí. Sigo andando, diciéndome, con una terrible certeza: «Clic, clic, clic...»

CRISIS II

Hace un rato que Becerril habla como si estuviera solo. Está acostumbrado a vernos llegar y sentarse en los bancos que dan la vuelta a la sala. Durante un minuto miramos nuestros zapatos como si nos dieran miedo. Pasado el minuto, los más decididos tiran de los cordones. Hay quien, con un suspiro, carga la habitación de cansancio. Becerril está por la mitad de algo que empezó a contar un poco antes del suspiro. Su voz cascada no sabe detenerse. Acaso su historia es la de siempre.

Aparece una bota de vino y hace un giro de brindis que nos alcanza a todos. Es la hora de desayunar. Saca un trozo de embutido, que desenvuelve y aparta a un lado. Lo mira un instante, como se mira a un intruso y, sin dejar de hablar, lo envuelve de nuevo y lo esconde. La bota sube por encima de su cabeza y se oye el gorgoteo del vino en la garganta. Luego, la apoya contra la pared del mostrador del vestuario, esperando otra ocasión. A Becerril le anima que se la «tentemos» de vez en cuando y considera al vino un estímulo de la vida deportiva. En sus tiempos de estrella futbolística había un botijo oculto para alentar a los desfallecidos. El botijo, con el tiempo, se convirtió en un talismán y recorrió «mundo» haciendo de las suyas.

En el 57, el Real Madrid jugó contra el Spartak de Belgrado en terreno yugoslavo. Era invierno, y el frío inaguantable. La noche de la víspera Becerril la pasó jugando al poker, y el botijo le trajo suerte. Se llevó como tres mil pesetas, y «había que ver lo que eran tres mil pesetas entonces». Lo que pasa, que tuvo que conjurar el botijo demasiadas veces y, pese a que le quitó el frío, le llenó de blandura los músculos. La teoría de Becerril, desde antiguo, es que cuando uno está borracho no es bueno para la salud quitarse de beber de golpe. Así que se llevó el botijo al campo y a las tres de la tarde saltó con su equipo al césped de Belgrado, manteniendo una voluntariosa verticalidad. Veinte mil espectadores y eso que la hierba estaba helada. Jugaba de «cinco». Entonces, los «cincos» eran tipos duros, imprescindibles en campo ajeno. Además, Becerril se tenía por guapo. Pasó que, como todo el mundo se caía por las condiciones del terreno, lo suyo no se vio raro e incluso pasó tarjeta de buen patinador. Pero la pelota no la veía ni haciendo esfuerzos. No es que las viera dobles o triples, como es lo común en estos casos, sino que sencillamente eran asunto de secreto para él. Al principio se puso a moverse como si realmente siguiera el juego, de arriba para abajo, poniendo afán. Fue peor, porque a ojos vista parecía que Becerril estaba jugando otro partido, él solito, con una pelota imaginaria. Empezaron a lloverle voces desde el banquillo. Pasó el primer tiempo. Maravillas, que era por entonces el entrenador, no se atrevió a sustituirle, porque además Becerril no daba pinta de «andar cocido». Eso sí, para lo que él era, los compañeros notaron que hablaba poco. Maravillas le echó una alocución que él siguió con los ojos fijos y con los oídos tapiados. En la segunda parte, el público se volcó, el juego se endureció, el césped hacía charcos por todas partes. Becerril empezó a sentirse mareado de verdad, y decidió quedarse «alante» (por quedarse en algún sitio) en un lugar cómodo y apacible, habida cuenta de que el Madrid no andaba muy puesto en el ataque y la delantera buscaba un invierno tranquilo. Maravillas estuvo media hora, de los tres cuartos del segundo tiempo, chillándole a Becerril para que bajara a la defensa donde, puesto como estaba a papar moscas, al menos haría bulto. En ese dilema andaba cuando un defensa yugoslavo (olvidado seguramente de aquel fantasma con el número cinco que se paseaba por allí, más que nada para acompañar a la defensa contraria) hizo mal una entrega y Becerril se encontró con un balón que no quería y con un portero a solas. Aun así, éste hubiera resuelto la situación si el abrumado Becerril hubiera chutado hacia algún lado. Pero, pese a que lo intentó, sólo consiguió pisar el balón —como hacen los niños cuando descubren la inverosímil movilidad de ese artefacto— con la fortuna de que se le escurrió y, ante la mirada estupefacta del portero, el esférico se fue deslizando por el empapado terreno hasta el fondo de la red.

Algunos ya se han desnudado. Afuera llueve. Hoy no habrá series rápidas: no serán necesarios los clavos. A veces, un entrenamiento de esta angustia muerta de cambiarse de ropa, es desenroscar clavos de las zapatillas y volverlos a enroscar. Cada uno tiene su manera. Es parte del estilo. Lucio los enrosca con la mano hasta casi el final, es el método más rápido, para después ajustar con la llave. Mientras lo hace, no mira a nadie. Bilbao los trae preparados de casa. Si el tiempo o el plan cambia, y se precisan de otras medidas, siempre tiene zapatillas preparadas. Yo, uso la llave desde el principio y empiezo a darle vueltas y vueltas y vueltas. Tardo mucho y siempre soy el último en salir del vestuario. En los demás no me he fijado. Pero cada uno tiene una manera diferente. Cada uno piensa algo distinto de lo que nos espera afuera. Hay en cada uno una forma distinta de sentir el futuro inmediato y de acercarse a él. ¿Seré el único que piensa en ideas como «afuera», «inmediato», «angustia»? ¿Todo lo que está sucediendo le sucede a alguien más que a mí? ¿Me hago estas preguntas tan repentinas, sólo para demorar más el tiempo, cuando sería tan sencillo colgar las zapatillas por el resto de los inviernos? También sería sencillo no pensar, y sólo correr. Correr contra el tiempo para no tener que demorarlo. Cada cual, enrosque los clavos como los enrosque, tiene más inteligencia que yo. Ellos saben que demorar el tiempo no elimina la pesadilla de tener que correr contra él.

La mayoría se anuda ya el impermeable. Debajo está el chandal y algún jersey viejo. También las polainas y un par de calcetines. Al principio me parecía ridículo ponerme polainas. Tuve que pedir a Bilbao que me acompañara a la tienda. Yo quería polainas negras y Bilbao discutió con la dependienta porque eran más caras. Quería regatear y la dependienta se enfureció. Hubiera querido irme. Ya no quería polainas negras. Por último, nos rebajaron cincuenta pesetas. Tengo la sensación de que todo ha sido demasiado difícil y de que cada cosa que he hecho tiene una historia difícil y cansada. Cada prenda que llevo, cada recuerdo que acecha, es algo que sólo añade dificultad y cansancio. Salir «afuera» es cargar con todo ello y, sin embargo, estar obligado a llevarlo livianamente, contra el cronómetro.

Me doy cuenta de que Becerril y yo estamos solos en la habitación. Todos han salido. Todavía estoy por quitarme los zapatos de calle. Me mira por encima de su brazo apoyado en el mostrador. Tiene unos ojos oscuros que parecen mirar siempre por encima de algo. Al menos, por encima de su rostro, que es un rostro duro y cincelado, pero vencido, al que ni siquiera el fino bigote presta una pizca de altivez. Esa forma de mirar, de un rostro que pudo ser magnífico, me recuerda la de mi padre, el día que se desplomó la viga maestra de la tintorería.

Cuando compró el local le habían advertido la grieta que andaba por el techo. Provisionalmente, levantó una columna de ladrillo y cemento, «sólo hasta ahorrar lo suficiente para una reforma general». El negocio dio sus frutos durante seis años y la grieta del techo mi padre llegó a olvidarla por completo. Las cosas iban tan bien, que por la misma razón el techo no se derrumbaría. Pero en el séptimo año el techo cayó como un alud sobre abrigos, pantalones y gabardinas que esperaban la hora del tinte o de la plancha. Sólo un bombardeo podía compararse a lo que vieron los vecinos aquel día. En mitad de los curiosos y del desastre, estaba mi padre, sentado sobre un tablón, con la vista perdida en una araña muerta que se balanceaba sobre su propio hilo cogida de una pata. Tiempo después, esa araña estaba metida en un frasco de cristal y presidía la casa junto al San Pancracio.

Me pregunta Becerril que si no entreno. No sé qué contestar y le digo que no. Es un descubrimiento que acabo de hacer. Sale de su mostrador y se sienta en un banco enfrente del mío. Hace un gesto como de remangarse los pantalones, entreabre la boca semisonriente y alza las cejas, como un abuelito cuando quiere echar la reprimenda a un niño. Sé lo que me va a decir. «Mira, Charro, lo que te dice uno que fue cocinero antes que fraile...» Como si hubiera adivinado lo que estoy pensando, deja de pronto sus ademanes y se queda serio. Becerril tiene todavía algo imponente cuando se pone de veras. Podría haber nacido conde si no fuera por ese vencimiento que escapa a su control. Hay sentimientos que son menores que uno y que sólo se reflejan en un rasgo o gesto, como un rictus del labio o un pliegue del párpado. Son las cicatrices de algo consumido, una hepatitis o un amor. Hay sentimientos mucho mayores que nosotros y que coinciden con los «pecados mortales» de los católicos, porque efectivamente dan la muerte, son como la muerte desmedidos y nos aproximan a la disolución. Son, por definición, abstractos e incurables, y frente a ellos aparecen héroes, mártires y místicos, las tres clases de víctimas que carecen de historia personal y que se caracterizan por su forma de desaparecer de este mundo. Pero cuando ante estos sentimientos no se es capaz de representar el propio holocausto, como Becerril no es capaz de representarlo, entonces aparecen los fantasmas (igual que el fantasma que Becerril había sido en Belgrado), que son los que inventan reglas inservibles y cargan su conciencia de fracasos inútiles. De esta clase es el miedo, el miedo puro, sin circunstancia. Hay que combatirlo como al gusano de Lambton, con una armadura de pinchos y sobre la corriente, para que los pedazos que se lleve el río no pueda juntarlos la nostalgia.

Entra Barbeitos como una exhalación mojada, sacudiendo a tortas la lluvia del impermeable. Saluda rápidamente, dirigiéndose a Becerril. A mí, sólo me miró por el rabillo al atravesar la puerta. Otra vez le vuelve a Becerril el aire de vísperas que adoptó en el banco de enfrente. Me siento un poco estúpido con los pies desnudos sobre los zapatos. Sobre todo ahora que Barbeitos se pone junto al conserje y yo me siento como ante el gran jurado de los remordimientos. Becerril se arrellana, no quiere perderse el espectáculo. Me gustaría, al menos, tener los pies dentro de los zapatos, pero cualquier movimiento puede ser tomado como un indicio. Soy incapaz de olvidar las uñas, los dedos esqueléticos, la rozadura del talón, la piel tan blanca, como si acabaran de ser descubiertos bajo un lienzo blanco. Una vez salí del Instituto con una muchacha que me gustaba. Tenía el zapato derecho tan roto que parecía la boca de un pez que no paraba de reírse. Creo que ella no miró otra cosa en todo el tiempo que tardamos en bajar a casa. Yo me encogía cuanto podía, pero en las cuestas abajo no podía evitar que asomara el dedo meñique. Entonces parecía que el zapato se reía más. Y que ella se reía con él, cómplice de aquella tragedia en la que se habían confabulado los astros, el gremio de zapateros y la tacañería de mi madre. Nunca pude volver a mirarla a la cara.

Será mejor que Barbeitos se desahogue y que yo aproveche la circunstancia de los pies para poner toda la cara de huérfano que pueda. «¿Sabes a cómo está el precio de la gasolina?» Parece que viene inspirado. No me gusta cuando está inspirado. Becerril, por lo menos, se divertirá. «Cuando lo averigües, echas la cuenta de a cuánto salen estas carreras estúpidas que hago desde la Casa de Campo hasta la Moncloa, cada vez que un señorito se pone melancólico y se queda a mirar sus miserias en el vestuario, como un viejo que se lo hace todo encima.»

Sabía que no me iba a gustar. Y no sé por qué me parece que a Becerril no le va a entusiasmar tampoco. Por ahora sigue tan feliz. Barbeitos se levanta, pero se queda alejado.

«Te lo dije un día, Charro: tu cabeza es más rápida que tú, y eso no es bueno cuando lo que te da de comer es el corazón. Un atleta es el corazón, blop-blop (abre y cierra el puño como si su mano bombeara sangre), sólo el corazón. Pero toda tu sangre te la come la cabeza. Y ésa es una sangre podrida que no le sirve a los músculos ni a los pulmones. Después de haber pasado por tu cerebro, es sólo vino agrio, y tú eres un tirinene que va a pasarse las melopeas a la pista.»

Sin querer ha mirado a Becerril. Este se levanta. Barbeitos todavía es joven. En cambio, su cráneo lampiño no es el de un hombre que no llega a los cuarenta. Como contrapartida tiene un aspecto robusto y macizo.

Nunca le he llamado por su nombre. Nos distancian

algo más que los dos lustros de edad. Tal vez sean esos repentinos cambios de actitud tras los que se oculta. De él se cuentan historias. Lo que yo sé, es que durante semanas es trabajoso sacarle las palabras y da la impresión de un niño que piensa que, ahorrándolas, después tendrá más. Entonces es hosco y casi tiránico, al que ofende más que nada su propio comportamiento. Se le recuerdan, en contraste, épocas afables, luminosas, con convites de domingo en su casa de Aluche y llamadas telefónicas que se interesan por cosas que uno no se atrevería a contarse a sí mismo. Por alguna razón, se mira constantemente en nosotros, y eso le atrae tanto como le repugna.

«Tienes una beca, ¿no es cierto? Pues es lo único que tienes. Lo demás es sólo imaginación. Esa beca te permite estudiar. ¿Quién te dice algo? Estudia. Pero sin tu corazón no eres nadie. La beca se la han dado a tu corazón. Ten cuidado.»

Becerril se ha ido por el pasillo hasta la oscuridad del fondo. Se queda mirando la escalera que baja al sótano del gimnasio. Ahora puedo fijarme en su uniforme. Parece cortado a medida y siempre está minuciosamente planchado. Además, contra el reglamento, tiene botonadura cruzada. No lleva corbata, sólo una camisa de cuellos puntiagudos que se suben a las solapas. No resulta difícil imaginarle por Cuchilleros, dejando que el ritmo de su leve cojera le transporte de bodega en bodega, repitiendo la costosa costumbre del pulpo a la gallega y el vermut. Aunque ahora viva cerca del barrio de la Uva, su zona familiar, en la que es reconocido como «Berraquito», se encuentra entre Platerías y la Cebada. Berraquito le llamaba entonces la prensa deportiva, en fama a su manera de revolverse y embestir, cuando estaban los balones perdidos. Como Berraquito tiene firmadas esquinas de espejo, fotografías con compañeros, balones de regalo y fetiches que todavía se conservan en algunos chiringuitos del barrio Centro, en los que Becerril, con su impecable y disimulado uniforme, se admira y deja admirar mientras alarga el vermut todo lo que puede.

El vermut le resucita sabores de otras horas. Pero no son los mismos sabores. Aquéllos se quedaban en la lengua mucho tiempo, porque al paladar le faltaba costumbre. Los de ahora se van atrás, a la garganta, en forma de poso y de recuerdo. O es que el tiempo le ha cambiado el vermut, como las montañas cambian los vinos de una viña del páramo. Becerril cuando habla de vinos le gusta hablar de los vinos que atraviesan los puertos, cómo cambian, cómo hay vinos apagados que con el cambio de altura se ponen «dolientes», que es la forma de decir que se amargan. Cómo hay vinos pensados para los puertos, y son vinos «muertos» hasta que suben los picos y «revientan» y son fuertes o «amables» según los lleven por las cimas. Cómo él ha visto, vinos embocados, buenísimos, destripados al bajar de repente y tenerlos que tirar, y después en los mismos charcos donde los han tirado, ponerse buenos, oler diferente y mejor, pero para nada.

«Me importa un pito lo que estés pensando en este momento. Estás comprometido, si no quieres estarlo contigo, con el club y conmigo. Nos debes el haber apostado por ti. Yo di la cara y dejé que Lucio esperara, y Lucio llevaba esperando esa beca desde juvenil. Tuve que mirarle a la cara y decirle: es mejor que tú, mucho mejor, es una figura, y tú tienes que despabilarte todavía. Ayer te dio un aviso. Al próximo, a lo mejor te deja en la caseta para las competiciones de Liga. No te digo más. Sólo una cosa, Charro, mírate. Mírate en el primer espejo que encuentres y cuéntate tu triste historia de una puñetera vez y entiende esto, que cuando un hombre empieza a mirarse en un espejo y hablar solo, empieza a no saber en qué parte del espejo está y a no saber de quién es la voz que escucha.»

El agua se ha escurrido hasta dejar un charco a sus pies. Lleva unos zapatos fuertes y un pantalón de pana del mismo color que el jersey. La humedad del charco yo vengo a sentirla en mis pies descalzos. La imagen que tengo enfrente es la de un hombre que muestra toda su fortaleza agazapada. Le leo en los ojos la seguridad de lo que provocan sus palabras. Le agradezco que no haya utilizado lo de «ya no eres un chiquillo» o cosas por el estilo. No soporto esa literatura de andar por casa, de lugares comunes que se pronuncian como sustanciosos. Prefiero ese reto sincero que persigue su objetivo. Preferiría incluso el odio y el desprecio a la blandura del confesor. Lo que le agradezco a Barbeitos es que no quiera confesarme, porque eso implicaría además una saludable contrición a la que no voy a entregarme de momento.

Becerril está sentado en las escalerillas, fumando un pitillo. Por otras razones, él tampoco puede ser amigo de contriciones. Es mejor el sabor de la caída cuando uno ya no puede hacer nada por nada ni por nadie. Pero Becerril tampoco anda por estos lares.

Quiero que Berbeitos se vaya y empiezo a desnudarme. Sus palabras no me han dado aliento ni me han aclarado el horizonte. Pero han sido necesarias como esos segundos o terceros vistazos incrédulos que echa el propietario a su casa incendiada, o el aguador, camino de la fuente, a sus cántaros incomprensiblemente rotos. Creo que esto último es lo que siento más cerca. El estar mirando por una vasija rota, persiguiendo por el agujero el agua que se ha escapado ya. Si las palabras de Barbeitos sólo me han demostrado su sinceridad es porque ninguna palabra puede hacer ya demasiado. Podría haberme quedado toda la mañana mirando la pared de enfrente o escuchando el repiqueteo de los canalones. No me hubiera enterado. Lo peor es que me está dando igual calzarme las polainas o ajustarme el impermeable, aunque lo esté haciendo por lo mismo que quiero que Barbeitos se vaya, por nada en especial.

Al levantarme para subir los pantalones del chandal noto el entumecimiento del tiempo que ha transcurrido desde que llegué al vestuario. Becerril aparece de nuevo. Le pregunto la hora. Son cerca de la una. Estoy por decirle que no es posible que desde las diez y media haya estado sentado en el banquillo. Decido callarme, pensando que después de todo por qué no va a ser posible. Lo que no consigo descubrir es cuándo se ha disparado el reloj. Puede que haya sido entre que se han ido los demás y Barbeitos ha aparecido. En ese caso, mi cabeza debe haber estado en blanco hasta que el bueno de Becerril se colocó enfrente, o tal vez entre esto último y la llegada de Barbeitos. Queda la parte del discurso de Barbeitos. Si es ahí donde el reloj ha enloquecido, entonces es probable que no haya escuchado todo lo que Barbeitos me ha dicho. Puede que haya escogido sólo trozos de la conversación y el resto se esparciera con los añicos del tiempo. Algo falta. Estoy seguro.

He terminado de vestirme. Un escalofrío sube por la cintura. Cuándo. Las piernas me tiemblan mientras voy andando hacia la puerta. Tampoco Barbeitos está ahora. ¿Cuándo se ha marchado? Abro la puerta del vestuario y veo un horizonte de suelo embarrado. Ha dejado de llover. Tengo por delante dos horas de ir rodando y me parecen dos horas infinitamente largas, de pensamientos raquíticos agolpados a la medida del cansancio. Pienso que por el cántaro roto han de verse después estas dos horas que se marcharon. Mejor vuelvo a desnudarme y me largo a casa. La voz de Becerril suena a mi espalda: «¿Sabes una cosa, Charro? Si no llego a estar borracho, me apunto lo menos tres tantos en Belgrado.» Salgo corriendo.

CRISIS III

La cuerda del cronómetro me araña la muñeca. Ya falta poco. Después de los veinte kilómetros se pisa un umbral en el que la fatiga pierde el ímpetu, los sentidos se adormecen, los músculos empiezan a soñar por su cuenta. Los accidentes del terreno se vuelven muelles como neumáticos. Sólo los giros y los cambios de horizonte producen malestar. En línea recta, con un paisaje inmóvil, podría durarse días enteros con este ritmo fácil y mecánico que ni el corazón advierte. El roce de la muñeca es el único aviso, enrojecido por el sudor. Se podría durar siempre. Quizá sea la verdadera aspiración, la carrera eternizándose y el transcurrir de los años, haciéndose viejo con las piernas en movimiento, que el corazón se detenga primero que el pie. Se verían ridículas las horas que se dedican ahora, tres por la mañana, una y media o dos por la tarde. Ridículas las fracciones de cronómetro. Jim Ryun, tres minutos treinta y tres segundos y una décima. Abebe Bikila, dos horas y quince minutos. John Hines, nueve segundos y noventa y cinco centésimas. Ridículas las distancias. Kipchope Keyno, mil quinientos metros. Robert Foster, cuarenta y dos kilómetros y medio. Sánchez Paraíso, cien metros. Nada comparado con la secreta pretensión de pasar del límite, hacerse el dueño de las distancias, como cuando Jerôme Benedetti, en 1944, acabó su marathon, siguió corriendo hasta un bosque cercano y nadie volvió a encontrarle jamás. Jerôme Benedetti debería ser el Santo patrón del atleta devoto. Pero los libros de historia sagrada del atletismo le han escondido. No subió nunca a un podium, ni registró una marca imbatible. ¿Qué puede decirse entonces de un corredor que sencillamente se fue?

He conocido tipos que hubieran dado algo por conseguirlo. Podría hacer una lista muy larga. Una lista de los que persisten en el fracaso, no han ganado ni un trozo de lata que exponer en la vitrina del comedor familiar, ni han robado siquiera las letras de su nombre a la linotipia de un periódico local. Además, conocen su futuro mejor que nadie, y está de sobra que algún despabilado les delate su anonimato. Persiguen su sola soledad por esos campos y no se esfuerzan menos que el resto. Pero persisten y esto les distingue de muchos que prometen a ojos entendidos; duran como si su organismo tuviera un fondo indestructible y con su resistencia, puede uno figurarse que sólo los ídolos tienen los pies de barro.

Después de la vuelta pedestre a Ciudad Rodrigo, después de que mi padre, junto al San Pancracio y el frasco con la araña, pusiera el trofeo de alpaca en lo alto, los chavales alborotaban a mi alrededor cuando entraba en la calle. Era su fiesta particular, fiesta de arrabal que recupera el honor en medio de la bullanga, y con él un vago optimismo. Mi padre iba más a la tasca y llevaba más al cine a mi madre. Ella andaba todo el día con el paquetito de recortes de periódico de una tienda a otra y de portal en portal, con vecinas que miraban con los ojos brillantes. Los viejos levantaban el bastón cuando me veían desde el quicio y hasta me ofrecían picadura, ignorándolo todo menos que «aquel mozo era capaz de seguir una bala». El semanario de la ciudad había hinchado aquella victoria, porque se trataba del primer mirobrigense que ganaba el trofeo, casi destinado a los atletas que llegaban invitados desde la capital. La radio local me hizo una entrevista en la que yo iniciaba respuesta siempre con un «pues...», «pues esto» o «pues lo otro», porque me había advertido mi madre que era lo fino. En el Instituto, la profesora de Latín me dijo «quién lo hubiera dicho», y desde ese día me perdonó errores, acabando con la escasa disciplina de estudio que tanto me había costado. Mis padres querían un licenciado en casa, pero el camino para llegar a ello lo veían como una pérdida de tiempo algo abstracta en la que había libros y otros objetos impropios de «casa obrera». No tenía una habitación para estudiar. Lo hacía en el dormitorio o en la cocina, donde nunca estaba solo, con un sordo remordimiento entrevelado.

La victoria cambió el panorama. El éxito fácil se apoderó de aquella vida sin dificultades. Lo trastocó todo, incluidos ciertos asideros que yo había obtenido en pago de mi aislamiento de niño con pretensiones.

Entre los chiquillos que me hacían coro, había uno de parecida edad al que llamaban «Caguego» porque no podía pronunciar las «erres» y se apellidaba Carrero. Aquel muchacho me seguía con su amor a todas partes. Subía también al Instituto y todas las mañanas tomó la costumbre de llamar temprano a la puerta y sentarse a la mesa donde yo desayunaba, esperando mi compañía para subir la costanilla del Instituto. Durante esos cinco minutos en que observaba cómo revolvía las sopas en el tazón de leche, Caguego fraguó una vocación atlética indeleble, de taciturnos perfiles, en la que yo figuraba como un astro de luminosa ejemplaridad. Caguego era pequeño y tísico, andaba corvado y a cierto ritmo le jadeaban las palabras. A mí me daba lástima cuando Caguego me admiraba, la boca descolgada, la barbilla casi en el pecho, y sus enormes ojos de enfermo, enormes y negros que eran toda la cara, todo Caguego.

Vivía dos calles más abajo y su padre era un matarife que trabajaba en el matadero municipal. Cuando Caguego veía a su padre salía corriendo, desarbolado, sin despedirse. Caguego hablaba de todo en cascada, colocando las «egues» como trampolines de nuevas palabras. Pero de su padre no hablaba. El matarife, cuando veía a su hijo por la calle, se lo llevaba a su casa arrastrándole de la chaqueta. Sentía vergüenza y remordimiento de aquel único hijo que tenía la desfachatez de querer vivir como los demás, mostrando su pecho hundido, su esqueleto encogido.

El matarife le pescó una tarde a la puerta de mi casa. Caguego se aterró y quiso refugiarse dentro de la vivienda. El matarife le agarró a tiempo, sujetándole por el cuello, mientras el chaval pataleaba en el aire. Era un estrangulamiento lo de aquella mano que daba la vuelta al cuello tan quebradizo. Caguego se puso morado y cuando el matarife le soltó, cayó al suelo como un fardo, sin conocimiento. El cafre, muy asustado, se lo echó al hombro y salió corriendo, como el ogro de los cuentos cuando ha dado caza a su presa infantil. Al día siguiente, Caguego estaba otra vez mirando mi taza de sopas con leche, con los ojos benditos de siempre.

Esperó hasta que no pudo más y me lo dijo: «Oye, ¿y si bajara yo también?»

Bajaba por las tardes a la alameda. Había sentido reparos en volver por las mañanas al molino. Sólo recordaba vagamente la promesa de no volver a correr. Me pareció que si no iba al molino mi conciencia se quedaba tranquila. Por «honestidad» alteré también el horario y, a partir de entonces, ya no sentía incomodidad pensando en la gloria futura que no sabía bien qué significaba verdaderamente. Era el camino llano, sin serpientes, que de pronto hacía la vida más confortable, sin estragos, con el aplauso del mundo. Veía el estadio, las luces, la multitud, la triunfal llegada. Comenzaba una época de ahogos, flatos, extenuamientos, donde el sufrimiento estaba manchado de tintes heroicos. Los ideales quedaban ahora muy lejos, deshabitados como castillo de la fantasía. El sufrimiento lo hacía todo de carne y volvía lo demás superfluo. Pero nunca me hizo feliz. Había vendido mi vida, y eso lo hacía más llevadero. Mejor: la estaba empezando a traicionar no sabía bien cómo, seguro, no obstante, de que a ello me ayudaban los periódicos y el pueblo entero, invitados colectivamente al sacrificio.

Caguego me seguía todas las tardes arrastrando los pies. Llegaba pálido a la alameda. Cercos azules le rodeaban los ojos a medida que les llenaba el cansancio. En su casa no sabían nada y aquellas escapadas eran tan furtivas como la mayoría de los actos de su corta vida. Miraba para atrás y preguntaba: «¿Cómo vas, Caguego?» Y él, para que no le notara el cansancio, con la respiración contenida, soltaba la frase más larga que podía. «Bien, pego tigando de la godilla que me duele.» «¿Todavía te duele la rodilla? Si nunca te ha dolido...» «No me duele, me goza, y dentro de un gato se pasó ya.» «Caguego, eso es cuento.» «Cuento, no.» Y se paraba y me enseñaba la rodilla y estaba hinchada. «Es raro», le decía yo. «Es gago, sí.»

Caguego corría vestido, con chaqueta y zapatos, porque en su casa le tenían prohibido hacer deporte y en el Instituto estaba exento. Notaron que rompía mucho los zapatos y Caguego empezó a correr descalzo, con los zapatos metidos en los bolsillos de la chaqueta. Mis zapatillas le estaban demasiado grandes, aparte de que yo no tenía otras todavía. Eran las «Tao» de mi primera carrera.

Corría con los pies hacia fuera, como un pato, arrastrándolos, inclinado hacia adelante, semejante a un ave zancuda cargada de zapatos. Se acostumbró a correr por la hierba, mientras yo lo hacía por el sendero de guijos de la ribera. A veces atajaba y yo le cogía después, dándole tiempo para que disfrutara de su superioridad durante unos metros, con gran divertimento de su parte. En cualquier momento parecía que iba a desarmarse como una caseta golpeada por el viento y se iba a quedar convertido en un par de tablas cogidas de una punta. Al final descubrí que Caguego tenía los pies planos y que sus atroces zancadas eran sólo un defecto físico.

Bajamos juntos durante un año, hasta que aparecieron de nuevo los carteles anunciadores del trofeo siguiente. Comenzábamos a conocer cada palmo de la alameda por el contacto de los pies. A veces, jugábamos a seguirla con los ojos cerrados. Durábamos mucho. A Caguego le había bajado la hinchazón, pero no se cansaba de repetir que le dolía. Yo pensaba que en aquella rodilla se alojaba algún órgano importante del corcovadito, quizá el corazón o a saber qué, porque Caguego tenía en la forma contrariada de su cuerpo un empeño que le volvía extraño.

Ahora, sin querer, llevo los ojos cerrados, y es verdad que todo molesta menos, hasta la cuerda del cronómetro. Es que el paisaje de la imaginación es más suave, aunque sea el mismo, como si se mirara contra la luna de un escaparate. Al corcovadito en aquel paisaje no le día la rodilla.

Veo los álamos con hojas en plata y los troncos con señales, el río de un color verde oscuro, llevando sobre las ondas un reflejo de cielo acerado que se va a morir entre los juncos y las pozas de agua negra, y si pasa junto a un claro entonces se le levantan las pestañas de otro verde distinto por el que atraviesan relámpagos subidos a los lomos de un pez, muchos relámpagos seguidos que se ven y no se ven.

Al río se baja por la cuesta de los Caños. A mitad de la pendiente hay una curva que deja a su izquierda un precipicio de roca amarilla, cuyos salientes se utilizan de trampolín para lanzarse al agua en una parábola de largos instantes que se estrellan contra la superficie. Los ojos cerrados repiten sobre mis pasos esa cuesta y el vértigo del precipicio, los chinarros que se tropiezan, y rebotan, caen, un momento, otro, y el chapuzón, chap.

El matarife le descubrió un día sus trabajos secretos. Le vi salir de su casa disparado, con el padre a los talones. Vino inmediatamente la cuesta. Yo a Caguero le animaba con la vista: «¡Corre, corre, ya no te puede coger, tú eres mejor, hoy no habrá tunda!» Al matarife le achicharraron los pulmones a mitad de los Caños y se paró, medio ahogado, sobre una cantera que le salió al paso, rojo, derrotado. «Corre, corcovadito, corre.» Caguego no supo que su padre se había detenido y corría como un diablo destartalado, ciego de su victoria, tan ciego, tan triunfante, que no vio la curva, que no supo que sus pies desde hacía un momento ya no tocaban el suelo y pedaleaban en el aire, quizá porque llevaba los ojos cerrados para que no le doliera la rodilla, y en la caída pensó que el camino era más liviano, que nunca volvería a cansarse.

No me dejaron ver a Caguego con la cabeza vendada, descansando de su triunfo sobre la colcha de la habitación más umbría. Tampoco me dejaron asistir al entierro, que yo seguí a lo lejos, por el camino de cipreses, acompañando a mi amigo en un día feliz para él, que había salido de las tinieblas de su existencia en un arranque de fuerza, como los héroes antiguos, hacia la muerte insignificante.

Me sentaría y miraría por el camino que hay a mi espalda y que conozco de memoria: baja primero suavemente y se pierde después de una quebrada, vuelve a aparecer, y cuando el camino no es más que una cinta desdibujándose, aparece Madrid, los grises del Palacio de Oriente, el marrón de las azoteas, y la mancha verde de la vegetación rodeada de alturas de ladrillo y de polvo. Me detendría sosegado a mirar la ciudad, distinta de la que se ve entre una zancada y otra, cambiada por el impulso, por el sudor que salta a las cejas y al párpado con un cosquilleo.

Cuando murió Caguego, pensé que la desgracia iba a paralizarme para siempre. Que no sería capaz de reanudar aquellas tardes como si no hubiera ocurrido nada. Se supo que había estado desobedeciendo al padre todo un año. Las miradas se volvieron hacia mí, interrogando. Sólo las miradas. Poco podía acusar el matarife, el verdadero causante del desafío y de la tragedia, si es que en realidad no supuso un alivio aquella desaparición. Mi padre mantuvo la mirada algún tiempo, hasta que se le volvió convencional y un buen día se le olvidó por qué miraba de esa manera. Se notaba, eso sí, un círculo de frío a mi alrededor, un silencio esquivo ante cualquier alusión al deporte. Ello me dio tiempo y soledad —de nuevo— para mirar las cosas a mi modo. A mi modo, se abría un horizonte de fatalidad, más hondo que la traición difusa que me acompañaba en espera de un éxito fácil, aparatoso, lleno de esfuerzos cuyo valor era la traición misma. Ahora la fatalidad, igual de insensata, era el empujón final hacia un destino merecido, pero que para mis viejas ilusiones carecía de mérito. Tampoco hubiera sabido explicar cuáles eran mis «viejas ilusiones», aunque vagamente las adivinaba por el paisaje del molino, por entre los libros y la promesa de un tiempo futuro que, a la carrera, cambiada todo, y no era éxito ni fracaso, sino diferencia, huida de allí.

Pienso que no pararme a mirar Madrid desde lo alto, es parecido al no querer mirar entonces lo que estaba cerca, con fuerza para seguir, pese a todo, por el camino difícil. Aunque Caguego estaba muerto.

Volví a ganar la Vuelta Pedestre a Ciudad Rodrigo, vestido esta vez de negro para prevenir la desgracia del año anterior. Me fijé más en las caras que formaban el callejón de la meta. Pero aquello no se parecía en nada a las imágenes de mi tribulación. Todo era más rápido, menos emocionante que el clamor de sueño que llevaba en los oídos. Se aplaudía, se jaleaba, se abrazaba, había color, chisporrotazos de alegría, manos que llamaban por encima de las cabezas, labios que me pronunciaban por primera vez, muchachas que se acercaban de repente y se alejaban con un vuelo de falda retador.

Pero era todo más rápido y difícil de paladear, como yo me imaginaba que se paladeaban las mieles del triunfo. Una miel larga y densa, de la que cada día se aparta un pedacito y dura un tiempo que dura siempre. Pero no. Era un bocado demasiado grande, que se arrancaba a medio engullir y el sabor se iba, y se iba para volver muy tarde o nunca.

Lo malo es que de todo ello me di cuenta en la mitad misma de la apoteosis y me quedé frío. Me acordé de Caguego y pensé que él había tenido sus buenos motivos para lanzarse. Su carrera era de un triunfo solo, pero que duraba la vida toda. Un triunfo para algo, contra algo, que ponía todo a su favor, y que conocía como se conoce la piel de los reptiles boca arriba. Mientras subía la escalinata de la tribuna para recoger el trofeo, sentí de pronto un dolor que me apretaba la rodilla hasta hincharla y ya no recuerdo más, sólo el presentimiento de que aquel dolor era yo mismo y estaría siempre conmigo. Lo peor, que la rodilla parecía perfectamente normal.

Mientras recordaba a Caguego en la cuesta de los Caños, corriendo contra el matarife, he apretado los puños y también, sin sentirlo, el pulsador del cronómetro. Los minutos se han echado atrás de golpe, y la aguja de las horas ha debido caer con un temblor encima del «cero».

Calculo aproximadamente dos horas y media o tres horas menos cuarto, al borde de los treinta kilómetros. El suelo sigue pareciéndome muelle y las piernas sueltas. Lo del cronómetro me ha fastidiado. Podría averiguar algo por el sol, pero el sol no marca los cuartos. Si de pronto se hiciera de noche...

Una noche volví al molino. No llegué corriendo, sino muy despacio, pensando en lo que podría haberle enseñado a Caguego. Había sentido la pezuña de la soledad agarrándose al cuerpo, toda la tarde. Tumbado contra la fachada de la tintorería, estuve contemplando la calle a lo largo, mirando cómo llegaba el crepúsculo de marzo. Tenía aquel día un sol picante, no angustioso, pero que hacía daño a la vista, como si estuviera cayendo sal traslúcida.

No salió gente después de comer, sólo un par de chavales cogieron una pelota y se la pasaron de la sombra de un portal a otra durante un rato. Cuando la pelota tocaba el suelo, hacía un eco sordo de pisada de fantasma. Después, la pelota dejó de botar y se cerraron los pestillos de las puertas. Ese estrépito se quedó cabalgando en los oídos y tuve la impresión de que se me abandonaba allí, castigado por algo.

Después de mucho tiempo, mi padre pasó a mi lado, levantó el cerrojo de la tintorería y entró en ella sin hacer ruido. Adentro tampoco se oyó nada.

La calle blanca, recta, se acababa en unos matorrales y en una tapia de cemento enfrentada al sol. Por la izquierda llegaba una callejuela pequeña, de piedras y hoyos que bajaba al río. A la entrada tenía un almacén de fruta que siempre olía a plátanos descompuestos. Aquel olor era el del arrabal y el que más y el que menos lo detestaba, porque no descansaba ni en domingo. El almacén tenía un criado de mi edad que se encargaba de repartirlo por el contorno, llevándolo hasta en el forro de los bolsillos. Aquél no tenía amigos, porque nadie pensaba en acercarse siquiera.

Navegando entre aquel olor y el sol, me quedé pensando en el trofeo del domingo, que era más grande que el otro, le había quitado el sitio al San Pancracio, y que a éste le relegaron a una esquina de la baldosa del armario como a huésped que viniera a menos. La alpaca usurpaba su papel protector al santo familiar.

Un forastero se me había acercado al terminar la competición. «¿Has oído hablar de la Unión Deportiva Salamanca? Yo me llamo Rafael Gil Pérez y soy el delegado de Atletismo. Si quieres seguir en esto, no puedes caer en mejor sitio. Tienes facultades, muchacho. La semana que viene hay una prueba de mil, sobre pista. ¿Has corrido alguna vez en pista? Nosotros haremos que te paguen el viaje y una dieta para comidas. Vete en tren, temprano, y yo te espero en el Helmántico. Allí hablaremos, si te parece. Es lo mejor para el chico, ¿no le parece a usted? Enhorabuena, hombre, y hasta el sábado.»

Una persona había entrado en el almacén de fruta y salido con un paquete. La calle siguió vacía. Lo de Caguego se mezclaba en el molino, como en el absurdo de una insolación. También la muchacha que me salía a veces al paso de la imaginación, por la que volvía y me ponía a andar entre aquellas ruinas. No tenía diagnóstico para la calentura. A Caguego no le había enseñado el molino y no esperaba encontrarme a la muchacha, y a lo mejor me iba a Salamanca dejándoles a los dos, y la calle tan vacía, y siempre la recordaría vacía si me quedaba en Salamanca a estudiar y a correr para la Unión.

Pero también estaba harto de oler a plátano, de vivir en el arrabal, de ver la cara fúnebre de mi padre al entrar en la tintorería, de tenerle lástima al San Pancracio. Me llegaba la tristeza hasta la araña del frasco, que ya veía convertida en polvo.

Por el lado derecho del empedrado, torcía una huella de chinarros hundidos: era el camino de los carretones con sus ruedas forradas de hierro. Antes de la mitad estaba la huella pareja, y al entrar un carretón por la calle en seguida encarrilaba por aquella vía y se dejaba llevar. Después se metía por la callejuela, y bajaba la cuesta de los Caños escondido entre la polvareda.

En toda la tarde no pasó ninguno, y empecé a mirar fijamente el carril y a pensar que estaba tan solo como yo.

El señor Julián, el zapatero, abrió un paño de la puerta y arrojó una suela rota a la calle. La suela se quedó allí, en un ¡plas!, y el paño se cerró sin que el zapatero asomara la cabeza.

La suela se quedó enfrente de mí, mirando a los matorrales y la tapia del fondo, como una pisada señalando el camino. Poco después había olvidado al zapatero y la puerta, y sólo pensaba en aquella pisada que parecía seguir una dirección. A la pisada le faltaba un zapato y al zapato un cuerpo, así que, después de todo, la suela también se había quedado sola y, con el carril vacío, ya se me hizo insoportable la tarde y lo que en ella había.

Otra vez el molino y que a Caguego no se lo había enseñado y que yo no había vuelto. Se me representaba con tintes de amor pasado, más blanco y bonito de lo que era, con su baranda de reflejos verdes pasando por encima del río, la escalera y el portalón de madera, la piedra del zócalo sin humedad, la muchacha con el vestido radiante haciéndome preguntas.

No estaba oscuro todavía. La calle seguía tan sola. Me fui hacia la suela de zapato y pasé junto a ella como junto a un presentimiento. Notaba la cosquilla de los nervios. Creía que por la decisión de bajar al molino. ¿Qué es un presentimiento? Nada. Yo bien sabía por qué no había vuelto. Me lo repetía con la voz del pensamiento, como en un acto de contrición, una y otra vez, confiando en que alguien me perdonaría aquello que yo sabía bien.

También pasaba que las fantasías envejecen y a lo peor me encontraba delante del molino sin el corazón antiguo.

Me detuve, falto de valor. A qué bajar. No iban a resucitar para mí aquellos cadáveres de la fantasía. Además, los había desterrado. No quería jugar con la imaginación: yo era otro, entonces.

Sin embargo, me puse a andar. Dejé atrás la cuesta de los Caños y la primera alameda, atravesé el puente, crucé la segunda alameda, atajé por un camino y me puse otra vez en la ribera. Empezaban a levantarse los olores nocturnos del campo cuando, desde el bosquecillo de pinos, comencé a ver pedazos de la casa.

A primera vista seguía igual. Me iba acercando al rumor grave del agua que pasaba por las oxidadas turbinas. Presentía el graznido de un ave carroñera en aquel silencio, pero no lo hubo. El tomillo olía más que nada. La humedad extendía una lengua de niebla por el suelo y en el molino se alzaba un poco más. Mis pisadas no se escuchaban, como si la niebla fuera poniendo almohadones a mi paso.

Me paré delante de la fachada. Nunca me fijé tanto en los detalles. Pero allí no había nada de lo que recordaba. Pensé que Caguego se llevaría una desilusión. Incluso sonreí para mis adentros de aquella fantasía de la muchacha; cómo era posible, sólo había pasado un año. Y ni siquiera el molino era tan grande, ni tan misterioso como recordaba. Allí no había vivido nunca nadie. ¿Quién iba a querer vivir en un lugar así?

La escalera estaba medio saqueada de escalones, sólo con el pasamanos, descolgado, con telarañas que llegaban al suelo. No había contraventanas y los balcones eran huecos negros. Tuve la impresión de un decorado de película en el que sólo existe la pared de delante.

Pero sabía que la casa era grande y que podía subir al primer piso y al segundo, ver el jardín del patio, a un lado del curso del río, llevando su carga de estrellas despintadas.

Tropecé con una pala. Seguramente sería una pala vieja. Como la escalera había quedado imposible, decidí pasar por la del jardín. Tres picos descansaban sobre la verja. Eran tres picos nuevos. Un candado cerraba los hierros de la entrada.

Otra vez vino la comezón de los nervios, como al pasar junto a la suela. ¿Quién había puesto la suela en mitad de la calle? El presentimiento... ¿Quién había puesto aquella soledad que daba miedo, en el trasiego de la tarde? ¿Quién había cerrado todas las puertas, enviado a los carros por otro camino, amortiguado los ruidos de la tintorería? El presentimiento...

Di la vuelta a la verja. Vi la excavadora... Menos de un segundo estuve agarrado a los barrotes, como si agarrara un dolor que quería escaparse. Llegué a casa en cinco minutos. Tenía que ganar en Salamanca.

He rodeado el lago y seguido por la carretera. La fatiga viene como un dolor a los talones. Yo no podría seguir insensiblemente, como Benedetti. El corazón parándose antes que los pies. No podría. No estoy pudiendo.

A Barbeitos habrá que contarle el retraso. El domingo andaré cargado. Ya le he dicho que no me gusta el cross. Pero la temporada de invierno hay que cubrirla. Once mil quinientos metros, para seguir subiendo hasta los dieciséis o diecisiete kilómetros. Lo importante es el plan de la temporada, el proyecto. O hay proyecto o no hay proyecto. Qué fácil. Hay un umbral en el que las piernas no se enteran. ¿Habrá otro en que el corazón se ausenta?

CRISIS IV

La piedra de las gradas está fría como un nevero. Hay un sol sin fuerza, distraído, que no da ni sombra. Una especie de neblina radiante se cierne sobre el estadio, como en un perezoso encantamiento. Viene el recuerdo de otros inviernos en ese frío que se queda agarrado a los pantalones todo el día.

Hay un temor en los ojos que no quieren abrirse del todo. Los grises edificios de por encima se esfuman en la densidad del aire, mitad porquería, mitad meteorología. Podrían ser otros edificios y la ciudad que se esconde detrás, otra ciudad. Sólo el espacio marrón de la pista, parece tener alguna entereza.

Me desperté sentado. Había estado soñando. No sabía qué, pero lo tenía entre el paladar y los ojos, en uno de esos parajes donde esperan los sueños que se olvidan. Hasta que un sabor o un perfil llega a la lengua o a la retina. O no llegan.

No llegaba.

Tengo tiempo libre. Mucho. Barbeitos ha decretado descanso después de lo del domingo.
El descanso es uno de los linimentos morales más apre-

ciados en esta profesión: no cura, pero tonifica. Si la máquina se obtura, resopla, se funde, pero los cojinetes brillan y los pistones relumbran, entonces no hay más que tratar a ese mecanismo calenturiento, arbitrario y maniático, con un remedio que no remedia nada y que le haga feliz y cómodo al mismo tiempo por ver si dentro de esa comodidad se desvanece la locura a que le ha empujado esa imperfección, ese error en el diseño que es el maldito cerebro humano.

Barbeitos dijo descanso como quien dicta una sentencia pública contra varios millones de neuronas febriles.

«Descanso», o también, «esto es una condena a muerte, estúpidos».

A veces no se recuerda el sueño, pero se olvida que se ha soñado, o se olvida recordarlo. Es cuando, al abrir los ojos, hay una liana tendida desde la realidad y después otra, una noticia del periódico, una llamada telefónica, una cita a la que se llega tarde, una aspirina que no se encuentra.

Si ocurre que al abrir los ojos hay sólo una habitación vacía y un día vacío, entonces parece que el sueño se frota los ojos y se peina minucioso, con nosotros, los pelos rebeldes de la coronilla.

Crucé la avenida y di un rodeo por el parque. Sin saber por qué, estaba haciendo el camino de todos los días, incluso con el pequeño retraso de bajar al parque. Quizá fuera hasta la misma hora. No iba a preocuparme por eso, igual que aquel héroe sudamericano con su estatua en mitad de la glorieta y sus pies llenos de hojarasca y coronas del último aniversario, no iba a preguntarse por la fuerza de la costumbre. Hoy me fijé más en él. Me pareció distinguirle un ademán, un impulso de querer decir algo. Cuanto más me fijaba, más me lo parecía. Seguí con detalle la pose rígida que se anudaba desde el cuello hasta el brazo extendido y patrióticamente sentencioso. La cara sin expresión y las piernas musculosas tenían el sello de la producción en cadena y el anonimato de la grandilocuencia épica del bronce.

A punto de irme, y desde otro ángulo, descubrí que la cabeza caía hacia un lado, falta de equilibrio, como si le hubieran asestado un golpe en la sien contraria. Me acerqué más y comprobé que el golpe le estaba obligando a mirar al suelo. Hice otro descubrimiento: la prisa o la indelicadeza del autor habían grabado el círculo de un solo ojo, mientras la córnea del otro estaba lisa. Aquel círculo con un punto de punzón en el centro, siguiendo otra línea que la caída de la cabeza, era una mirada que se fugaba por el rabillo y hacia muy atrás, en espera de algo fatal que ocurría a sus espaldas y que explicaba aquella locura de ojo extravagante y aterrado.

Después de un rato continuaba pensando si no sería aquel ojo lo que yo había soñado.

Bajé a las pistas. No tenía sentido. Podía esperar sin que nadie llegara ese día. Lo único que tenía era la impresión de que vería cosas, de que, como los espectadores hundidos en su asiento, pronto se descorrería el telón de algo y me quedaría absorto, y eso ayudaría a pasar el tiempo.

Había también un autobús que me dejaba en la Ciudad Universitaria, enfrente de un edificio claro lleno de gente, donde nada me impedía ir. Sin embargo, eran contadas las ocasiones en que eso había sucedido. No tenía nada que decir, sólo me maravillaba el polvo que cogen los grandes proyectos.

De la grada de enfrente salen Barbeitos, Lucio, un tal Víctor, Bilbao y un par de juveniles. Trotan por el césped de afuera, mientras Barbeitos se dirige a una esquina de la pista. Son aproximadamente las nueve. Tendré entrenamiento hasta el mediodía. No está mal.

Bilbao me hace una seña al pasar por delante. Por su cara nunca se sabe lo que ha dormido en la fábrica. «Tengo la sospecha», me dijo un día, «de que duermo con los ojos abiertos. En casa, mi mujer me pasa la mano por los párpados y yo la siento desde el sueño, pero ella no me dice si tenía los ojos abiertos. ¿Tú que dices, Charro?» «Digo que es una chaladura tuya, Bilbao.» Eso le dije, pero no he podido sacudirme la impresión de que Bilbao nunca cierra los ojos, lo que le convierte en una especie de monstruo.

El jefe también me ha visto. Hace un gesto calibrado y displicente mientras camina hacia otro lado. Está pensando qué hago yo aquí. Hace semanas que no llama por teléfono. Tiene sus razones. No tendría mucho sentido mantener conversaciones sentimentales por teléfono con Barbeitos. He roto su plan de invierno. Eso es tan grave como si yo me hubiera roto una pierna y de rebote le hubiera roto otra a él. Es lógico que cuando dos se rompen las piernas mutuamente, interrumpan sus conversaciones telefónicas.

El domingo abandoné. Era la tercera vez. La primera Barbeitos dijo que faltaba rodaje. Y lo mismo la segunda. Después de la tercera, me quejé de la rodilla. Ni siquiera me tomaba el tiempo de cansarme. Un pinchazo, que era menos que un dolor tenue y, plaf, me venía abajo, miraba el suelo y me marchaba andando hasta la línea de meta.

El me veía llegar. No preguntaba nada. Metía un cronómetro en el bolsillo de la gabardina y seguía controlando a los otros. Es lo más duro de todo. No podía deshacerme de esa imagen fija, de un cronómetro metido en el fondo de un bolsillo. Tenía algo de vudú. El tic-tac se detiene y algo fundamental de uno mismo se detiene también.

Después, cuatro expresiones parcas, casi epitafios. «Vete a rodar.» «No sigas el plan estas dos semanas; alterna rodaje y descanso.» «No te preocupes más de las pruebas de invierno.» «El lunes nos vemos.»

Todos sabemos qué es la reserva y cuándo llega. No hay sorpresa. De pronto, uno ya no es importante para el domingo siguiente. Se le pide que piense en la temporada de pista. De vez en cuando se le llama para sustituir a alguien. Tiene toda la libertad de la gente prescindible, esa libertad no conquistada que es ya, por fin, levantar la tapa del pozo al que nos impedían arrojarnos.

Libertad también de perder hasta los detalles minúsculos, esos detalles que son tanto como un hábito y que ya no pueden ocuparnos por más tiempo: el azogue de estar en la línea de salida; el rito de los pantalones limpios y la camiseta planchada, todo negro por el miedo a orinarme como la primera vez; el olor de campo húmedo y el choque de los clavos contra las piedras; ese cansancio adherido a la tráquea que se nota a partir de los diez kilómetros; la respiración de los otros, que es tan importante como la propia y que a veces pasa como una ola por delante de la cara; las manos ateridas, lo único del cuerpo que está aterido después de media hora de cabalgada; la tarde del domingo, agridulce de fatiga y satisfacción.

El grupo termina el calentamiento. Detrás, flota la melena pelirroja de Bilbao que va a su aire, atento sólo a su ritmo. El tal Víctor, al que he visto un par de veces, marca el de delante. Junto a las suyas, las piernas de Lucio se cruzan trazando una equis que se hace y se deshace.

Ese Víctor es de los que entrenan por épocas, después desaparecen, hacen un viaje o se casan y aparecen de nuevo con gesto de venir a demostrarse algo; y tanto si se lo demuestran como si no, vuelven a esfumarse lo mismo. Ahora, cuando parece ir demasiado rápido, me recuerda uno de esos que se descubren un quiste sebáceo y gritan para sus adentros: «Esto se arregla con deporte.» Y a la mañana siguiente, mientras se matan a correr por el parque de su barrio, van palpándose el bultito y pensando en la purificación del cuerpo. Semana más tarde, un ataque de agujetas los envía a la cama y el bultito pierde radicalmente su influencia.

No hay nada que hacer con ellos. Basta con entenderles y dejarles, mientras lavan la ignominia de un michelín anárquico. No creo que Lucio comprenda la vasta importancia que tiene para Víctor ir delante. Lucio no tiene por qué entender. Entender no afecta en nada a su disciplinada conciencia.

Basta de metafísica.

Yo estoy aquí abajo. Yo soy un reserva disfrado y él un tipo que progresa. La vida sólo se ocupa de los hechos...
Ni tampoco entiendo tanto como creo: es una ilusión de mi fracaso, igual que hay una repentina lucidez en la agonía.

Antes de coger el tren de madrugada de mi primer viaje a Salamanca, y mucho antes de que mi padre se quedara mirando la araña que se columpiaba en las cenizas de la tintorería, me pregunté, después de algo que ocurrió, si lo único comprensible no sería la miseria y la desolación que nos conmueven.

Mi madre comenzó por aceptar algunas tareas que mi padre dejaba por culpa de las «relaciones» que, de cara al negocio, le ocupaban un tiempo precioso entre tascas y tabernas. En pocos años consiguió especializarse en esas «relaciones» y endosar a mi madre el trabajo propiamente dicho. Nunca se le reprochó nada, pero tampoco se le veía más feliz.

Ella se limitó a envejecer silenciosamente. No me cuesta recordarla cepillando la ropa con aquel líquido detergente o abriendo el vapor de la platina hasta hinchar la prenda como un globo y perder las arrugas. O descargando del carro la leña que iba a la caldera y antes se apilaba hasta el techo de la pequeña habitación que, como el resto, estaba separada de la nave por planchas de tablex que colgaban de las vigas. O recorriendo con las katiuskas el piso encharcado, para lo que no daban abasto las dos pequeñas alcantarillas, y con una brazada de ropa que le chorreaba por el cuello y el mandil.

Al tiempo, atendía a los clientes que traían o reclamaban entregas. Entonces se ponía una bata de algodón y se cambiaba el calzado. En el ventanuco con cristales de la entrada un letrero decía: «Se limpia en seco.»

Era norma no entregar una prenda sin haberse satisfecho el importe.

Un día, no supe cómo, un gitano desapareció sin pagar. Mi madre siempre trató con los gitanos como con cualquier vecino del arrabal. El caso es que el gitano se marchó con la ropa, un colchón encima del burro y toda la familia detrás, a una de esas peregrinaciones que hacían en otoño y de las que no regresaban hasta la primavera.

Mi madre me dijo: «Quédate al tanto de la puerta, que yo vuelvo en seguida.»

Se quitó el mandil, se puso un viejo abrigo azul, cambió las katiuskas por las madreñas y marchó detrás del gitano por uno de esos caminos que llevan a Extremadura.

Por la tarde no estaba de regreso y tuve que explicárselo a mi padre. No dijo nada. De noche, hizo un huevo frito para cada uno y, cuando hubimos terminado, nos quedamos todavía en la mesa mirándonos como bobos. Luego puso la radio y se quedó fumando su picadura junto a la ventana. Empezaba a ponerse triste, con tristeza de niño consciente de su orfandad.

Por la mañana, mi madre tampoco había regresado. Nadie abrió la tintorería. Lo mismo por la tarde. Y por la noche. Ya estaba harto de huevos fritos. Mientras continuaba el run-rún de la radio, él comenzó a cantar en voz baja, como un negro de las películas, cosas con una letra muy rara y una música que no era música.

A las seis de la madrugada, ella volvió. Puso treinta y cinco pesetas sobre la mesa de la cocina y, con las manos cubriendo la descolorida cara, se echó a llorar con un llanto tan débil como la voz que había cantado mi padre.

No sé qué pasó por la cabeza de él. No sé por qué hizo mi madre lo que hizo. Ni siquiera por qué lo he recordado ahora, después de muchos años en el cuarto oscuro de la memoria.

Tengo frío. Ni una chispita de sol.

Barbeitos ha mandado un «Interval Training». Series de cien, con recuperación trotando al punto de salida. En total, unas cincuenta o sesenta. Un número espectacular para un esfuerzo bastante llevadero, a condición de encontrar el ritmo de trece segundos y establecerse en él.

Víctor marcha disparado, muy por debajo de ese crono. Lucio le marca, forzado. El otro no sabe dónde va, y Lucio se lo está creyendo. Bilbao y los juveniles, a su tiempo. Barbeitos advierte que se siga el ritmo de trece.

Por la cuesta de álamos del fondo, veo que el grueso de la cuadra se marcha a rodar. Yendo muchos, se entretienen mejor las dos horas y pico. Se mete uno en el calor del grupo y se deja empujar por el carro de los demás. Hasta puede mantenerse una conversación sin pretensiones, si ese día te cae simpático el mundo y el vecino de trajín tiene algo de sentido común.

Víctor, de pronto, no vuelve trotando. Se detiene, se agacha y mira penitentemente a Barbeitos, que no se le acerca. Vomita junto a la calle de saltos.

Se me hace raro contemplar (de esta forma fría que es irreal) a alguien que lleva la «pájara» en el cuerpo. Desde fuera no es lo mismo. Ni aun teniendo la experiencia.

Lo que parece peso y garrote es sólo un adormecimiento llevado con violencia. El cuerpo se desmaña. Uno se pregunta a dónde van las piernas y los brazos. Se nota un coágulo que va desde la nuez al estómago, una especie de piedra atravesada en el pecho que no se puede tragar. En el cerebro se acumula toda la sensibilidad que pierde el cuerpo. No ve el cuerpo, pero ve la impotencia y la padece lo mismo que los músculos han padecido ese cansancio. Se piensa en algo absurdo, sin preámbulos, con la seguridad de que es algo tan verdadero como lo pensado en los sueños: alguien que ha saltado con la pértiga y nos mira desde lo alto; la voz de la dueña de una pensión; colores desvaídos que, a fuerza de perseguirlos, atontan.

Una vez, al bajar de un autocar que nos dejaba en la pista de una ciudad (tal vez fuera Barcelona y la pista Serrahima) un saltador le dijo a otro que le faltaba un clavo del tacón de su zapatilla. El suelo era de ferastán, muy rápido, y yo caí en la trampa de no medir la circunstancia. Anduve a un ritmo que no era el mío, impulsado por la facilidad del material. Todo era muelle hasta que, a falta de cuatrocientos metros, me tragué con solemnidad una «pájara» que parecía un canguro. Tardé minuto y medio en terminar la prueba y durante ese tiempo inmenso me preguntaba sin descanso dónde podría comprar un clavo para el tacón de la zapatilla del saltador.

La «pájara» es eso: un bicho absurdo que se mete en la cabeza.

Lucio no puede. Tiene la color del padecimiento. Barbeitos está en nada, apoyado en la escalerilla de jueces. Piensa de una manera vaga que Víctor le ha jodido la sesión y que Lucio es un idiota. Ni siquiera me alegro.

Lucio trastabillea. Cae. Está tendido boca abajo, con la cabeza de un lado. Corren hacia él. Yo siento que eso es lo que he estado esperando todo el tiempo. Quizá Lucio está muerto y eso no me afecta más que una reseña cronológica en la página de un periódico. Un paro cardíaco, un accidente, todo el mundo sabe que esas cosas pasan y que no se pueden evitar.

Mi frialdad es como algo que no es mío, mi ruindad es como una cosa sabida que no llega a interesarme.

Lucio, muerto. Hay tantos otros muertos bajo la tierra... Yo mismo podría ser ese muerto. Y no dejaría de ser uno más.

Esta madrugada soñé algo que no recuerdo. Vi una estatua que no sé a dónde miraba. Mi madre hizo algo que no entendí. Lucio se ha matado y es como yo, un muerto cualquiera. Bilbao duerme con los ojos abiertos. Al Charro se le hincha la rodilla de vez en cuando y a lo peor la rodilla no es suya. ¿Qué es lo que he soñado?

He cerrado los ojos y se me ha quedado brillando en la retina la mancha gris del cielo. Una mancha amplia, sin costuras, como un mar detenido. Es como si estuviera nadando en él, acaso ahogándome, pensando que la mancha no tiene forma y que aquello no es un mar. Cuando parece que me hundo sin remisión, abro los ojos y veo que llevan a Lucio arrastrando de los hombros, con las puntas dejando una señal tenue en la tierra batida. Barbeitos está pálido y Bilbao se agarra el pelo como si fuera a caérsele una peluca.

Cuando van a desaparecer por la grada del fondo, Lucio apoya un pie y se dobla otra vez por la mitad. Entonces giran al césped y, poco a poco, Lucio se sostiene, con la vista clavada en el suelo, mientras Barbeitos le sigue de cerca y hace señas a los otros para que les dejen.

Bilbao viene. Se ha puesto el chandal y el pasamontañas. «Dice que no ve nada. Que tiene una pantalla negra delante. Nunca había visto "pájaras" de esa calidad. A quién se le ocurre seguir a ese payaso. En fin... y tú ni te has movido. Tendrías que levantarte de ahí. Debes estar helado. Eh..., tío, que te levantes, que vas a pillar un muermo.»

«Oye Bilbao, ¿tú pensastes que estaba muerto?»

Bilbao me mira como si viera un lucero malva. «Eso no se piensa. Tú ponte a entrenar pronto. Pero, ¿de verdad no estás helado?»

Se va. Tengo escalofríos. Debería meterme en la cama. Miro el reloj y son las once de la mañana.

CRISIS V

Estuve raro ya todo el día. Y por la noche se secaron los labios y la cabeza me daba golpes de gong. Me desperté de madrugada con mucho frío y noté las sábanas caladas de sudor. Detrás del cuello, sobre la almohada, parecía un charco. Me volví a dormir y estuve soñando cosas a toda velocidad. No recuerdo qué. Cuando volví a abrir los ojos eran sólo las seis de la mañana y estaba tiritando.

La patrona llamó al médico del club. Vino a última hora y me preguntó un par de cosas antes de auscultarme. No le había visto nunca y no me pareció simpático. Dijo que volvería y no sé qué de un análisis de sangre. Al mediodía, yo tenía una temperatura de treinta y nueve grados. La cabeza empezaba a imaginar cosas sospechosas cuando me quedé dormido. La patrona me despertó para que tomara algo, ya de noche.

Dije que no quería molestarla y mucho menos que me hiciera platos especiales, que yo sabía que aquélla no era su obligación. Decía estas cosas y a continuación se hacía un vacío en mi cabeza como si nada tuviera sentido. En la bandeja había un plato de sopa y peras. Comí una pera mientras ella me respondía que no era molestia en absoluto.

Había sido mujer de un guardia civil y tenía una hija de mi edad, a la que no había visto nunca, sólo escuchado su voz. Durante un tiempo me tuvo intrigado la voz. La patrona no la dejaba verse mucho. Se llamaba Josefa y su hija, Rosa. El guardia civil se pegó un tiro en Jaén y ellas habían ido a reunirse con la madre de la patrona, en Madrid. Luego, habían puesto la pensión que llevaba Josefa.

Era de unos cuarenta y cinco años, aunque parecía mucho más vieja. Tenía una palidez ojerosa y, pese a derrochar un humor contagioso, yo no dejaba de pensar que era la mujer más triste que había visto en mi vida.

No sé qué sentí al verla postrada en mi cama, con toda aquella tristeza y simpatía a la vez, intentando que comiera. Yo apenas había comido una docena de veces en la pensión desde que estaba en Madrid y habíamos hablado muy poco. Eso sí, nunca tuvimos queja del otro. Yo era el mayor entre los estudiantes que circulaban por allí y quizá por eso me respetaba un poco más.

Sabía que era un atleta del Real Madrid y a veces me había mostrado algún periódico en el que salía mi nombre. «Es lo ideal», comentó una vez, «pagarse los estudios con el deporte sin dejar lo uno ni lo otro». Los que por una u otra razón sólo han estado a las duras de esta vida, padecen males de optimismo al contemplar la vida de los demás.

Ahora tenía sus ojos clavados en cada detalle de mi cara, en cada síntoma de la enfermedad. Su fijeza me resultaba incómoda.

—¿Tengo que avisar a alguien? —me preguntó cuando dejé la pera a medio terminar.

No se me había ocurrido que a alguien le pudiera interesar que yo estuviera enfermo. Pero el caso podría darse y era obligado responder a la pregunta.

En Ciudad Rodrigo no tenían por qué enterarse de momento. Me perturbaba tener que llamar al pueblo para decir algo así. Además, la fiebre me daba cierta distancia de las obligaciones penosas. Lo que deseaba era no mover ni un dedo, quedarme en aquel estado el mayor tiempo posible.

Barbeitos no precisaba la noticia de momento. Me imaginaba en otras fiebres. Los entrenamientos no me movían la angustia, ni el tiempo perdido, porque después de todo tampoco estaba siguiendo el plan, y además no era cuestión de entrenamientos.

Con Josefa esperando todavía respuesta me di cuenta

de que tampoco había un amigo. Acaso Bilbao, pero más por una rara simpatía que por la amistad correspondiente. Fuera de los entrenamientos, sólo nos habíamos encontrado el día de las polainas, cuando Bilbao discutió con la dependienta.

Pensar me sentó mal. Sudaba intensamente y sentía la espalda pegada al colchón. Si me ponía a darle vueltas a todo no me curaría jamás; yo quería estar enfermo y curarme al mismo tiempo.
—No. A nadie... Gracias.
—...
—Es que ahora no encontraría a nadie, Josefa.

Cuando salió, me hundí en la cama y empecé a ensoñar cosas raras. Estábamos la gente de Barbeitos corriendo sobre un tablero de ajedrez y el que se salía del tablero caía a un río de aguas frías. De vez en cuando todos nos parábamos en algún cuadradito y mirábamos la posición de los demás. Yo debí mojarme mucho, porque sentía la humedad en la nuca y luego ir bajando por la espalda y hacerse pegajosa. Barbeitos daba una señal y todos volvíamos a correr y yo a mojarme más que ninguno. La voz de Barbeitos no era la suya y me costó reconocerla. Era la voz de Rosa, la voz que me había intrigado tanto. Yo, en el agua, tenía sensaciones muy contrarias. En el primer momento me llegaba un frescor agradable, pero a poco de estar en ella empezaba a tiritar y a no poder secarme con nada.

Cada tanto, me despertaba. Tenía los ojos cerrados y el cráneo como apoyado en ellos. No era tampoco estar despierto, igual que al dormir no era tampoco estar dormido. Lo que sentía era miedo. Miedo de despertarme en mitad de la noche y ver que estaba enfermo, y ese miedo se trasladaba también a los ensueños y se daban entonces aquellas imaginaciones. La primera vez había luz todavía en el pasillo. Creía que era más tarde, casi de mañana. Oí a Rosa que pasaba y le decía algo a su madre en dirección a la cocina. La luz pasaba a través del cristal esmerilado de la puerta. Era una luz de fondo que se hacía más difusa al pasar por el cristal y se proyectaba vagamente en el techo. Yo miraba el techo como si fuera una novedad que me habían puesto en el cuarto. Durante la enfermedad llegué a descubrir transparencias en aquel cielo raso. Veía más allá de él y de él surgían cosas en movimiento y vida propios. Desvariaba.

Recordaba que un profesor del Instituto nos había hablado de los techos de Velázquez. Decía que en ellos estaba pintado el aire y que aquel aire decía tanto de los personajes en el cuadro. Techos turbios y melancólicos porque el aire era turbio y melancólico, y los personajes tenían ojos turbios y melancólicos.

Pensaba yo que aquella luz por su manera vagarosa de iluminar el cuarto y mi cuarto por su manera de dejarse interpretar por la luz, decían todo lo que era posible decir de mi habitación, de los muebles y los libros, y de mi enfermedad. De mi forma de vivir allí dentro, lo decían todo.

De repente esa luz ha hecho muy pequeño el cuarto. Tan pequeño como una celda y arriba es donde está el ventanuco que da a una galería iluminada por antorchas. Oigo los cerrojos metálicos de otras celdas y una voz que resuena en una oquedad lejana. Alguien dice al cruzar por el semicírculo iluminado que hay delante de mi cancela: «Mañana les espera una buena.» Y se va. Creo que arrastra un látigo por el suelo y sus brazos son oscuros como la sombra. Me incorporo asustado y, al apoyar las manos en el catre, noto la aspereza del colchón y de la paja que hay antes de tocar el suelo de piedra. También he notado un tirón de cuello. Llevo la mano hasta el anillo de hierro que le rodea y desde allí a la cadena sujeta a una argolla en la húmeda pared. La voz del principio grita: «¡Carcelerooo!» Oigo el pesado látigo arrastrarse otra vez por el corredor. Llega la sombra y me mira entre los barrotes. «Lo que faltaba. El otro también está despierto.» «¿Quién es el que grita?», le pregunto. «¿Quién es? ¿No lo sabes?» Y oigo la carcajada al final de la galería y después el restallido del látigo y después, silencio. A la vuelta, tiene un brillo en su cráneo afeitado. «¿Quién es?», le pregunto. Se detiene y gira sobre sus talones con rigidez marcial. Una gota de sangre le va resbalando por la frente. Levanta el látigo metiendo el brazo por entre los barrotes. «Mañana le matarás, delante del César, o te matará a ti, en la arena del circo.» Y aguanto sin decir palabra la mordedura del látigo en la clavícula.

Me despierta Josefa. En la puerta veo otra sombra, debe ser Rosa.
—Has gritado «carcelero», o algo así.
—No era yo...
—Lo hemos oído, ¿verdad Rosa?
—No era yo, yo no he dicho nada.
—Bueno, sería una pesadilla. Estás ardiendo. Mañana no podrás hacerte el análisis.

Rosa sigue en la puerta. De un momento a otro espero que levante la mano y el látigo caiga.

Por las mañanas me encontraba mejor que por las noches, pero no mejor que otras mañanas. El médico, que llegó después de la pesadilla del látigo, insistió en lo del análisis y recetó una penicilina.
Los síntomas estaban más definidos que el primer día. Por un lado, me dolía la garganta y tenía el cuello inflamado. Por otro, salieron unas manchitas marrones en la cara y en las extremidades. Donde peor estaba aquello era en los brazos y detrás del lóbulo de la oreja.
Me hice por fin los análisis, abrigándome bien y con la hora guardada, y salieron otro par de cosillas prometedoras. Principio de hepatitis y unos animalillos que mataban el tiempo regateando por la sangre.
Total, que el médico se hacía cruces mirando el papel del laboratorio. Y rumiaba para sí: «Conque varicela, estreptococos metabólicos y hepatitis...»
La verdad es que me iba poniendo progresivamente amarillo, el cuello estaba como una bota y las manchas me escocían. En lo de la hepatitis no había peligro de transmisión, por lo visto.

Josefa se quedó un poco asustada al principio con la posibilidad de que apestara la pensión y yo, no digamos. Si me echaban de allí, tendría que volver al pueblo y la verdad es que no me quedaban fuerzas para cuatrocientos kilómetros de tren correo. Hubiera sucumbido en el camino, apestando, eso sí, a todo un vagón. Morir matando, que se llama.

El médico dijo que no sabía para cuánto tiempo podía tener. Había que curar la hepatitis y eso significaba cama y régimen. Y curar la varicela y los estreptococos, y eso significaba penicilina y penicilina.

Yo miraba a Josefa y Josefa me miraba. No tenía ninguna obligación conmigo y yo no podía pedirle ni mucho menos que se ocupara de mí. Además, tampoco podía pagarle ningún extraordinario por sus desvelos. Y no era sólo cuestión de dinero, sino de trabajo y atención, y de que un enfermo es un enfermo y las pensiones no son hospitales, sin olvidar que aquel complicado asunto podía terminar, aunque remotamente, en la funeraria.

Decidí hacer un esfuerzo heroico.
—Josefa, yo mañana me voy de aquí.
Ella, suavemente, para que no me doliera, respondió:
—Usted no tiene dónde ir.

En ese momento me hubiera gustado tener un espejo para mirarme la cara y ver si tan claramente lo llevaba escrito en ella. Ver si la varicela me había puesto un cartel de verruguitas marrones donde se leyera: «Este no tiene dónde ir.»
Sentí la vergüenza de los conmiserados y un abandono total. Como si hubiera dejado de ser lo que era y el Charro triunfante y duro dejara paso a un niño que se enfrenta a la fatalidad con gesto de huérfano. Pero Josefa se apresuró a decir:
—Pero yo no le voy a cuidar porque usted no tenga dónde ir, sino porque es usted, que es distinto.

Eso, desde luego, restauraba mi dignidad, pero no decía nada nuevo. O tal vez sí; aunque yo me hubiera quedado en lo de la dignidad. Porque estaba restaurada pude atreverme a insitir y ella, haciéndome el juego. Ese juego implicaba que yo no podía hacer otra cosa que aceptar y que ella tenía que jugar a convencerme, y los dos lo sabíamos.

El médico me dio gratis otra receta que tuvo su importancia.

—Cuando se vaya la fiebre, y sólo cuando se vaya, los únicos deportes que se te permiten son leer y escribir un poco. Y si te leen mejor.

Luego pasó una semana sin que la fiebre cediera lo más mínimo. El médico vino dos veces para recetar dosis progresivamente fuertes de antibióticos. Una vecina, que era enfermera de la Virgen del Puerto, me pinchaba todas las noches.

En la noche del octavo día, cuando la enfermera se había marchado, la fiebre pisó a fondo el acelerador y llegó a cuarenta grados y medio. Era domingo y en el patio interior se escuchaban los transistores radiando los partidos de fútbol. Dentro de la nube que arrastraba mi cabeza me parecía imposible que alguien pudiera correr saludablemente por un cuadrilátero de césped sin temer a la fiebre. Josefa me cambió las sábanas y el pijama, mientras yo me resistía con fuerzas de flaqueza. Me aterraba quedarme descubierto. Sospechaba que jamás volvería a correr, que jamás la luz volvería a tropezar con la piel de mi cuerpo y que la juventud se evaporaba con la temperatura.

Apenas podía ver a Josefa. Los ojos estaban enjugados de sudor y de lágrimas imprevistas. Tenía la sensación de que se habían hinchado mucho, y los párpados también, y de que sólo veía por una ranura acuosa, donde se refractaba la superficie como si yo hubiera caído en el fondo de un océano turbio.

En cambio, la conciencia tenía la punta recién sacada. Allí donde la imaginación se paraba, todo eran contornos y raíles bien claros. No había oscuridad por ningún lado. Pensaba en el sueño del tablero de ajedrez y veía, sentía, sus esquinas precisas y sus colores hechos porción. Incluso las gotas de agua que saltaban cuando caía al río, podía contarlas y decir su forma de huevo, o de perla, o de poliedro. En cuanto al látigo de los gladiadores, distinguía su culebreo de azabache y lo seguía entre la penumbra de la celda llevando en su punta un caperuzo de bronce reluciente.

Le dije a la patrona:
—Josefa, me muero...
Oí que cerraba la ballesta de la ventana. Luego, vino un frescor en la nuca y el cuello. Eran las manos de Josefa.
—Tú no te vas a morir. ¿Cómo te llamaban en los periódicos? Acuérdate.
Yo recordaba clara, intensamente, como en la gota de agua y la sierpe del látigo.
—Corazón de Plata... —murmuré.
—Pues un corazón de plata no se rompe, un corazón de plata es lo mismo que un corazón que dura para siempre, para no rendirse.

Era verdad que la prensa me lo había llamado por mi forma de correr en la que no se veía nada, así como había atletas que en la primera zancada lo decían todo y era como su firma. A mí me pasaba como a Zatopek, que tiraba para adelante y no sabía cómo. Sin embargo, yo no corría achepado como él, sino demasiado tieso y con una zancada muy poco elástica que asentaba todo el cuerpo en la planta del pie. Pero al final, en los cambios de ritmo imposibles, sacaba una fuerza que no provenía de mi técnica rudimentaria, sino de otra parte, y era a eso a lo que la prensa llamaba corazón. Corazón de Plata.

Las manos de Josefa están tan frescas como la brisa marina que me pasea el cuello mientras cabalgo por la playa de cadáveres ordenados, como si fueran a saludar a mi paso. Yo

soy algún rey victorioso que va y viene por la orilla del mar y que da órdenes para que se retire a los muertos del alcance de la marea. Así estoy un rato y cada vez grito más, y cada vez estoy más furioso. Luego me doy cuenta de que el único ser vivo de la playa soy yo, de que nadie recibe mis órdenes, de que los cadáveres están tendidos en una larga fila que se pierde con la playa. La playa es cada vez más larga y los muertos cada vez más numerosos. La marea va llegando a sus pies y, al poco, les levanta los faldones hasta la rodilla. Bajo deprisa de la montura y corro hacia los cuerpos. Les voy retirando del mar, pero quedan muchos y sé que por cada uno que salvo aparecen otros, allá al final, donde casi no puedo verlos. Agarro otro cuerpo y, como si la palabra saltara de mi boca, le digo: «Selim», y a otro «Yusuf» y a otro «Abderrahman». Aquéllos son mis amigos y lo que está detrás es mi ejército. El mar llega hasta sus bocas. Me tiendo y espero.
—Josefa, me muero...

Estuvo toda la tarde a la cabecera y parte de la noche. A veces me despertaba y miraba sus manos grandes y azuladas hacer punto. No podía mirarlas demasiado tiempo, me fatigaban como fatiga y atrae una obsesión. Creí que iba a dormirme y soñar con unas manos venosas, y que no podría salir de la pesadilla que tejían las manos.

La verdad es que no me dormí y que ni siquiera entré en el duermevela que atraía raras ensoñaciones. Pasaba algo distinto. La enfermedad iba apagando los rodamientos y las luces del cuerpo, candando todas las puertas. Por contra, notaba algo más firme que empujaba hacia afuera, una especie de voluntad ahuyentada por el apagón y que quería abandonar la postración y navegar más dueña por el espacio contorno, al desgaire, como si estuviera en pena.

Aquella voluntad o aquel alma estaba fuera de mí y lo miraba todo y no pensaba. Era un teleobjetivo que había perdido la derrota, como los barcos, y que lo mismo enfocaba durante un rato interminable un detalle insípido, que registraba en un fogonazo la cara de Josefa o mi cara lustrosa, un poco abotargada, desvaída la imagen.

Tenía otras perturbaciones: al tiempo que enfocaba algún aspecto de la habitación y veía, por ejemplo, un pedazo de hule de la mesa, largaba, por no se sabe qué cable con flojera, una cifra y después un nombre que era el de un mes, seguido de otra cifra más larga que la primera y que parecía de un año.

Todas las cosas que había en la habitación, además, creía haberlas visto antes; mucho antes de llegar a la pensión. Era un alma traidora que sabía que todos los detalles se repiten en la vida, y que un pedazo de hule no tiene sitio ni nombre, porque es todos los pedazos de hule y ningún lugar. Aquel alma que se había escapado era un pedazo de eternidad insípida, sospechosa de querer confundirme y empalagarme con la muerte.

Un pedazo de hule en el que hay una planta marrón, y al lado está la tela amarillenta y quizá una quemadura de cigarro. Dieciséis octubre mil novecientos cincuenta y siete. En la casa de mi infancia había hule, ¿es éste aquel hule?

En la esquina del techo y la pared, un descascaritado. Uno enero mil novencientos sesenta y seis. El descascaritado muestra perfil de gorro frigio. ¿Cuántos gorros frigios había visto en descascaritados de pared?

A vuelapájaro sobre el pelo de Josefa. Tan rápido que no queda ni color ni detalle. Ya está el ojo en otra cosa.

Una sombra de un objeto cerca de la ranura de la puerta. Quizá octogonal. Treinta y uno agosto mil novecientos cincuenta. No sé si importa el objeto o la ranura. ¿Dónde estoy ahora?

Un ruido, como de fogón. ¿Puede ella enfocar un ruido? No se ve nada, se ve el ruido. Ocho diciembre mil novecientos uno. ¿Mil novecientos uno?

Un cuerpo en la cama. No respira. Hay una rendija en los párpados. Mucho más cerca de la rendija. Seis febrero mil novecientos setenta y cinco. No sé si he visto antes a ese muerto que está dentro de mi habitación.
Si pudiera preguntarle a Josefa...

Pasó también que el alma-cinematógrafo se fue de pronto de la habitación, a vagabundear por ahí, yo creo que a través del tiempo, hacia atrás, cuando lo imaginable era que, pues son inmortales, las almas viajaran al paraíso de lo futuro y se perdieran allí.

Vi a Jeróme Benedetti perderse en el bosque.

Vi al corazón pararse antes que el pie. No sé cómo.

Vi que iba a atravesar un umbral y que Becerril hablaba detrás mío.

Luego, Barbeitos me dijo una palabra larguísima, sentado delante de mí y yo perdía la noción del tiempo.

Me vi corriendo solo y llegando muy tarde al gimnasio, quizá había corrido tres horas o más.

Vi a Lucio, muerto.

Oía, viéndolo, un clic de cronómetro, mientras yo iba pensando la palabra «comodidad».

Caguego coguiendo con una godilla hinchada.

El molino y su ruina.

Tenía el calzón mojado, cuando lo que tenía que haber hecho era correr de negro.

Mi madre andando por un camino y un gitano contando monedas.

Mi padre embotellando arañas.

Una suela en la calle, como un indicador.

Un domingo que yo me retiraba.

Una prueba en la que yo me retiraba.

La rodilla que me obligaba a retirarme.

Al final de una cuesta, retirándome.

Vi a Jeróme Benedetti y a Lucio muerto, a la vez.

Por alguna razón me pareció que nada de lo que enfocaba el objetivo lo había vivido yo. Yo no había vivido nada, era la conclusión a la que quería llevarme el alma. De esa forma no protestaría tanto en mi nueva profesión de lamia celeste.

Ella enseñaba cifras, hilachas de realidad y un horror pasado y escogido. Yo no veía coincidencias, ni coherencias, ni ninguna de esas virtudes que uno cree encontrar en la vida. Por tanto, la vida no existía. O yo no había existido en la vida. Tanto mejor para no andar con demoras y amarrarse a la muerte de una puñetera vez.

Yo quería morir. Aquella voluntad o espíritu cinematográfico me decía que no había estado vivo. Perfectamente. Ya podía disolverme en el Requiescat. Y ni siquiera eso.

Pero ocurrió que aquel alma que yo tenía, aparte de traidora, debía de ser un poco tonta, y cometió un error que, a los ojos del Supremo, creo yo, le hizo perder todos sus privilegios eternales.

Regresó a la habitación y, de pronto, se quedó parada en una imagen nueva. No era Josefa. Era alguien con una cara joven y pelo rubio, escarolado. Tenía las piernas cruzadas y ojos abiertos que no perdían el cuerpo de la cama. El alma, que no debía, empezó a entrometerse en los detalles, hasta en la soledad del lunar de los labios.

Si un suicida, antes de arrojarse por un puente, mirara lo que se mueve alrededor y un animal corretease, o una pareja cruzara la ribera de la mano, y se fijara en ellos, es decir, pensara en ello, entonces creo que el suicida no alcanzaría su propósito. La vida estaba llena de traiciones para la muerte. Y lo mismo le sucedía a la muerte. Se disputaban un momento definitivo, porque aquella que estaba presente en el justo momento se llevaba el triunfo de mano.

Cuando vi aquella cara, me di cuenta de que lo peor

había pasado. Supe que iba a recuperarme y que la muerte se alejaba con sus alados engaños. Incluso abrí los ojos y tuve ganas de silbar.

Rosa había sustituido a su madre en aquella centinela.

Creo que empecé a silbar «Dulce Carolina» ante una muchacha estupefacta.

CRISIS VI

Llegué a la estación con media hora de adelanto. Hacía mucho frío en el andén y me quedé mirando por los cristales de la sala de espera, la noche cerrada todavía y las luces que se extinguían sobre los raíles. Al otro lado, disimulado por la niebla, se adivinaba el barrio de casas blancas con los eriales helados y la torre del silo.

La estación me parecía un lugar distinto. Era un sitio pobre aquel barrio, con sus zagales que olían a humo y se sabían el nombre de los trenes. Les había visto jugar a poner filas de chapas en un raíl y esperar a que el tren las escupiera como una ametralladora.

Nunca me había fijado en los detalles. Sólo la sirena del tren se escuchaba muy débil en la ciudad, en el alto. Ahora era distinto. Yo era de los que se iban, de los que tenían un billete con derecho a alguna parte. Todo lo que me rodeaba me parecía un misterio.

Un hombre con equipaje, pensé, es diferente de un hombre a secas. La bolsa de cuadros marrones y azules, con la que mi madre compraba en el mercado, parecía más vieja a la luz de la bombilla de la sala. También ella era distinta. La cremallera estaba a punto de estallar: mi madre la había llenado de bocadillos y alguna botella. El resto de las cosas eran mis prendas de deporte. Además, estaba un chandal negro, con una banda blanca en el elástico del cuello. Nunca antes lo había llevado. Tenía la costumbre del jersey y de las piernas al descubierto.

Una lógica que todos entienden. La profesora de Latín retrasó mi examen del lunes. Ella dijo una vez que «cuando se es pobre como una rata, uno tiene que hacerlo todo». Lo de «pobre como una rata» se me grabó. Yo sabía que era pobre, pero lo de la rata me aupó a otra conciencia. Quizá pensó que para las ratas como yo, el sino de la vida era tentar las ruletas de la suerte: un golpecito aquí, otro allá y, al final, un cucurucho o un millón, y entonces poder acabar el Bachillerato.

Yo estaba en el Instituto y cada día me costaba más hacerme una idea del futuro. Mi padre decía que con el Bachillerato se me colocaría mejor. Mi madre no decía nada, aunque le gustaba mirar mis libros de texto.

Era mejor que ser camarero o picar piedra, aunque tampoco era la seguridad de los que saben dónde van, los hijos de abogado o médico. Concluí que estudiar era también la lógica de las cosas. Sin proyectos, sin esperanza.

«El mundo es gris», me dije.

Empezaba a sentir el raro gusto de esperar en una estación. El tiempo se llenaba de detalles y cosas que se estiraban como gomas.

Un hombre entró por la puerta de la carretera. Los cristales sonaron con el portazo. Un rachón de aire frío nos hizo mirar al que entraba. Tenía las solapas del abrigo de paño subidas hasta la nariz y un sucio sombrero calado hasta los ojos. Parecía un individuo que sentía mucho frío o mucha vergüenza.

Arrastró los pies hasta un banco libre y apestó la sala de vino. El de la taquilla le miró por el ventanuco y puso cara de asco. El matrimonio con dos niñas que estaba enfrente de mí, arrimó instintivamente las cajas atadas con cuerdas que eran su equipaje. El borracho se acostó sin mirar a nadie, como si fuera una costumbre. Si era alguien conocido, no podía verle la cara. No sé por qué me había sentido a gusto antes de que llegara el borracho y entonces ya no. Quizá porque estaba

Lo del chandal fue cosa de mi padre. Nadie lo usaba en el Instituto, ni siquiera el profesor de gimnasia. Cuando mi padre me lo dio, pensé que me entregaba alguna responsabilidad nueva. Estaba muy usado y dado de sí. Pero era gordo y de un algodón recio que abrigaba.

«Era mío» dijo, «de cuando boxeaba». Mi madre se volvió desde el fuego de la cocina y me miró por encima de su hombro. Él había adoptado el aire de quien pasa la antorcha y no levantaba los ojos del hatillo.

—¿De cuando boxeabas? —le pregunté al fin.

Seguía mirando el hatillo y mi madre seguía haciéndolo por encima de su hombro. Creía conocerle. Era uno de esos montañeses que siempre miran a la mar con deseo y con resentimiento de marinero nostálgico que nunca han sido marineros, lo que no les impide hablar del mar como de un matrimonio fracasado.

El chandal llevaba las letras «C. A. España de Cueto». Nunca me había parado a pensar que mi padre tuviera historia. Podía ser lo que era por algo, por esas cosas que le suceden a la gente y que nunca se explican muy bien. La infancia, un accidente de tráfico o una novia mulata. Un padre está siempre en presente, es lo que es, abstracto y mandón.

La historia del boxeo descubría otro panorama, me obligaba a mirar con nuevas interrogantes a aquel hombre. ¿Qué hacía allí? ¿Por qué me daba aquello? El chandal me producía la impresión de algo enigmático que no estaba seguro de querer llevar.

Hasta las siete menos cuarto no llegaba el expreso de la frontera. A las nueve estaría en Salamanca. Lentamente se desvanecía en mi cabeza la pesadez del madrugón y empezaba a preguntarme por el día que se avecinaba.

Era lógico estar allí, como lo había sido ganar el trofeo que echó al San Pancracio de encima del armario.

Yo pensaba que las cosas son de una única manera para los que no tienen donde elegir y ésa era su lógica.

más despierto. Le miré con detenimiento, pero él no se movió. El matrimonio cuchicheaba. Observé las cajas atadas con cuerda. Eran demasiadas. Me pregunté cómo podrían cargar con todas. Supuse que las niñas llevarían algún bolso y que los padres se meterían una caja debajo de cada brazo y otra colgando de la mano. Así y todo, no podrían con ellas. Las conté y eran diez.

En la pared de enfrente había un mapa de España. Una de las niñas corría hacia él, se subía en el banco y señalaba un punto al norte, decía algo de su padre y se reía. Después, volvía corriendo.

Oía las risas y el zapateo de la niña, como el murmullo que es todavía la realidad cuando uno se despierta. La misma sala de espera, con su luz amarilla, no tenía tampoco mucha realidad. Además, estaba el borracho y aquellas cajas que no podría llevar el matrimonio.

Por hacer algo, subí mi bolsa hasta el banco. El tren estaba al llegar. Comprobé de nuevo que la cremallera podía estallar en cualquier momento. No me gustaría ir por las calles de Salamanca con una bolsa rota llena de bocadillos. Hice demasiado tarde el repaso mental de lo que llevaba. Si me hubiera faltado algo, no quedaba tiempo para volver a casa por la oscura carretera y atravesar el puente. Sin embargo hice el repaso. Tres años después, seguía haciéndolo a la misma hora y en el mismo sitio, y diciéndome lo inútil que era hacerlo. Era un rito de seguridad, supongo. Es lo mismo para los que rezan. Dejan constancia de algo, se proporcionan la seguridad de haber vivido ese día. De vez en cuando, se necesitan palabras de seguridad. Estaba allí, iba a Salamanca, y el repaso lo confirmaba.

Las zapatillas «Tao», los calcetines blancos, el pantalón y la camiseta, una toalla, el chandal, y después los otros detalles importantes: el dinero para el billete, el dinero para ir hasta las pistas del Helmántico, el dinero para una cerveza, el dinero para un cine barato por la tarde, hasta la hora del tren de regreso, ya de noche. Y como si el recuento continuara, como si también estuviera dentro de la bolsa de cuadros, a punto de hacerla estallar, repasé el domingo que no iba a vivir en la pequeña ciudad, el primer domingo de mi vida que no iba a ser como todos los domingos que había vivido.

Estar en la estación, la estación vagorosa del despertar, me permitía observar esos domingos como lejanos domingos, y la pequeña ciudad como una lejana ciudad. Me veía subiendo a la misa de Cerralbo con alguno del arrabal, con la indiferencia y los zapatos de las fiestas. Sabía que lo importante eran las muchachas de las primeras filas, cuya familia vigilante habían dejado unos bancos más atrás. Muchachas bellas y soberbias, que cuando salían a su puerta no olían a calle de gitanos como nosotros, sino a calle con glorietas, iglesias y portales. Muchachas que parecían no haberse encontrado nunca un charco y que controlaban la meteorología con su flotante lacito del pecho. Para ellas sólo existía lo que pasaba por su imaginación, y en su ademán llevaban siempre el gesto de absolución o de castigo que nosotros admirábamos con la servidumbre del que lleva una camisa almidonada una porción larga de veces.

Las mirábamos seriamente, para hacer notar nuestra presencia. Fruncíamos el ceño como cualquier cadete de academia militar y cruzábamos las manos por detrás, en lo que pensábamos sería una escena imponente.

Creía que nunca llegaban a vernos.

Las seguíamos hasta la plaza y allí las perdíamos en alguna cafetería, cuyo lujo no nos podíamos permitir tan temprano. Vagábamos entonces por el camino de la vieja muralla y nos distraíamos mirando el río y el reloj para la hora de regreso.

A Caguego yo le había dicho que estaba harto.
—Sí, clago... —me dijo.
Bajábamos por la Puerta del Sol dando patadas a los chinarros, odiando nuestros brillantes inútiles zapatos y el olfato predispuesto para un plato de arroz amarillo y otro de pollo frito, nuestro legítimo aroma durante cincuenta y dos domingos al año.

Las tardes eran más largas, las tardes eran infinitas y

eran tardes de mirarse el polvo o el barro en los zapatos y en los pantalones nuevos. De ver cómo el domingo se consumía sin aventuras y sin milagros, buscando las bocacalles de la plaza Mayor y la espera en las butacas del cine de las cuatro y media. Eran tardes de ver cómo se ponía el sol en los cerros a golpe de caramelo masticable de dos reales. De mirar caras sin rumbo como las nuestras, caras que a fuerza de ser vistas se nos parecían demasiado y nos obligaban a echar de menos las de Cerralbo y del casino, y del patio de butacas, que costaba tres veces más que el anfiteatro.

El domingo era el día en que uno echaba en falta casi todo y se le venía chico el mundo, y era el día de sacar las razones a paseo y ver que las razones siempre seguían las mismas bocacalles.

Volví a dejar la bolsa en el suelo con la certeza de que allí también iba aquel domingo. El que atendía la taquilla cruzó algunas palabras con el padre de la familia y los dos miraron al borracho. Una de las niñas hacía aspavientos intentando alzar una caja ante la mirada represiva de la madre. Oímos el primer pitido, seguramente el del comienzo de la curva del río. Después otro, muy largo y cercano.

—Al andén, señores... —anunció el taquillero.

El borracho dio un respingo y lanzó un murmullo. La familia empezó a moverse y a dar vueltas alrededor de las cajas como un tiovivo. Sentí que el borracho tenía los ojos muy abiertos y dirigidos hacia mí. No le distinguía bien. Me levanté para abrir la puerta y vi que el borracho se sentaba con una rigidez anormal. La familia pasó por delante con los bártulos. Yo estaba atrapado por la imagen del borracho que, al quedar sentado, recibía toda la luz de la bombilla en la cara. No vi la entrada del tren, sólo le oí runfar a mi espalda. El padre de Caguego, con su cara cuarteada e inexpresiva de borracho embotado, me miraba como si no quisiera dejarme marchar. Creo que si (primero lentamente con una mano y después en seguida con la otra) no se hubiera tapado los ojos, nunca me hubiera podido mover del sitio. Corrí hacia el tren pensando en ocultarme lo más pronto posible. Hice todo lo contrario. Mientras arrancaba, observé a través de la ventanilla, y de los cristales turbios de la sala de espera la figura inmóvil con la cara cubierta en un gesto de vergüenza o de desesperación. Me recordó a un icono grabado sobre una piedra oscura que encontrábamos en la muralla todos los domingos. Me pregunté cuánto tardaría en levantarse de allí y por qué empezaba a despreciarle vagamente.

Lo último fue la vieja estación, en la que pensé como en un edificio a punto de desplomarse y que se tragaría con él al hombre que quedaba allí dentro cuando los trenes se marchaban.

O tal vez pensé en que la ciudad entera se hundiera para no tener que volver y, con la devolución del billete de vuelta, comprar una entrada para un patio de butacas y tomar café en algún lugar espantosamente caro, en una ciudad que no conocía, sin importar lo que venía después, al menos, eso sí, la certidumbre de no tener que regresar a ninguna parte y de poder escoger la miseria que más me conviniera.

La aurora se había levantado en los campos de encinas y en los picos azules y fríos de la cordillera del lado de Extremadura. Había manchas cárdenas donde amanecía y pedazos de oscuridad ambulante hacia la parte que el tren abandonaba. De Ciudad Rodrigo se vieron pestañear unas pocas luces y después desaparecer como si el viento las hubiera barrido.

En el compartimiento había una anciana sola que apenas se fijó en mí cuando subí la bolsa al maletero. Una pareja de guardias civiles pasó por el corredor. Su ventanilla daba a los montes que recorrían la frontera hasta el norte, montes de maleza y pinacho donde hacía sus aventuras el contrabandismo.

Me gustaba la sensación de no conocer el camino, aunque también tenía un rescoldo de rara soledad, quizá porque me hubiera parecido bien contarle a alguien lo que pasaba. La cara del padre de Caguego se iba quedando muy atrás, borrada por la distancia.

En el vagón se estaba muy caliente y se respiraba un tufo de gasóleo que estomagaba un poco. Los compartimientos no estaban ocupados por más de dos personas. Donde el tren se cargaba verdaderamente era en Medina del Campo, en dirección a Hendaya.

Tuve la impresión de llevar mucho tiempo levantado. Fue una impresión rápida que se marchó en seguida.

No salió nadie al corredor, iluminado por la luz brumosa de esas horas. De tiempo en tiempo, alguien caminaba dando tumbos hacia el retrete con gesto amostazado. El revisor no apareció en todo el trayecto. La guardia civil, en cambio, se paseaba con frecuencia.

Tenía aquella sensación del tiempo que se mezclaba con lo más irreal de todo: la idea de tener que mover mis piernas en una pista de Salamanca.

Las emociones me daban miedo. Creía que no podían afectar a mi tono muscular. En mi cabeza rebullían ideas de todas clases. Se me iría toda la sangre al cerebro y, en consecuencia, los músculos se quedarían secos como sarmientos, inservibles.

Era el pánico del desastre.

El Instituto pagaba el viaje haciendo un extraordinario. Lo de «extraordinario» lo había subrayado el director. El hombre de Salamanca, Gil Pérez, escribió al delegado de Deportes. Una prueba de mil metros a las doce de la mañana, en el Helmántico. Quería probarme para la Unión. Si se interesaban, entonces estaba lo de la ficha y más viajes a Salamanca, y un preparador profesional y todo eso.

Además, tendría que contar la historia, los resultados, todos querían escucharla. Lo que yo valía era lo que valía mi historia. Nadie pedía más, ni yo podía ofrecerlo.

El pánico del desastre juntado con la realidad del regreso: tenía que pensar mi prueba, medir los esfuerzos y contar después una historia con la tranquilidad del triunfador.

Para eso tenía que evitar el fallo, aunque fuera incapaz de prever lo que podía ocurrir en una pista de tierra batida, compitiendo contra unas buenas zapatillas de clavos, con jueces, pistoletazo y todo ese solemne aparato tan distinto de las soledades de la alameda y el piso duro donde oía mis pisadas. Yo tenía la carrera cómoda de los que marchan según su instinto y que después supe que en el argot llamaban «trotones», como a los caballos libres de la madrugada en el campo.

La pista era diferente. Al atleta se le marcaban los tiempos parciales y se le advertía durante la prueba, y de esta manera podía acomodar su ritmo a sus posibilidades. Ir más lento o más rápido de lo que se puede, es buscarse la ruina de un tipo de competición donde lo que cuenta es tiempo con décimas y centésimas.

El atleta, desde la línea de salida, conocía a sus rivales. Sabía su tiempo y sabía hasta dónde podía seguirles o en qué momento debía dejarles. Conocía también a las «liebres», y sabía lo que iba a hacer la suya, si la tenía. Las «liebres» marcan un ritmo de muerte por razones que hay que conocer antes de salir: quemar a algún trotón; marcar el parcial del galgo que la ha colocado para buscar el récord; trabajar para el equipo; lanzarse a tumba abierta y aguantar la «pájara» final, fiando en el trecho que puso en medio con su salida a la locura.

El atleta tiene una estrategia para el tiempo y otra para ganar la prueba. A veces tiene las dos. A veces le falla una y se queda con la otra. En cualquier caso, sabe lo que tiene que hacer al final, conoce su prueba metro a metro y segundo a segundo, y mucho antes de que acabe ya tiene un veredicto que se parecerá bastante a los resultados.

Cuanto más corta es la distancia mayores son las consecuencias del error y la ignorancia. También hay un lugar para la intuición, pero sólo después de que uno haya conocido sus límites.

Yo seguía apoyado en la ventanilla del corredor, cada vez más aturdido por la incertirumbre.

Todo lo que sabía sobre una prueba de mil metros es que había que correrla deprisa y, al final, intentar algo parecido a un «sprint», como decían en el Instituto. «El "sprint" es lo fundamental», me dijo uno que leía el «Marca» todos los recreos, al sol de la plaza. Yo tenía quince años y escuchaba embelesado sus conocimientos.

Algunos toros se desperezaban bajo las encinas. La tierra tenía el verde manchado por una capita de rocío. Los toros dejaban señales negras en donde pisaban. Había un claro horizonte por encima de las charcas y los berrocales, difundido por un sol de calcomanía lindando con las cumbres.

«Sea», me dije. «Correr deprisa y, a lo último, el "sprint".»

Entré en el compartimiento y contemplé a la vieja dormida contra el ventanal. Estuve mirando las fotografías de ciudades que había en los cabezales de los asientos y haciendo imaginaciones sobre Salamanca.

El tiempo pasó volando y, casi en punto, entró el expreso en la estación de la capital. Tenía las piernas entumecidas y el estómago vacío. La vieja me vio marcharme con el mismo gesto con que me vio entrar. Bajé al andén preocupado por mi estómago y por el embotamiento de la cabeza, que no había dejado de cavilar y de oler a gasóleo durante más de dos horas.

La estación de Salamanca era del estilo de la de Ciudad Rodrigo, pero más grande. Mostraba la misma fachada de piedra y las mismas puertas verdes con los cristales turbios. Los mismos jardincillos abandonados y el mismo aire de olvido en cada detalle. Una carpa oscura protegía los primeros andenes. Era diferente en los carteles de fondo blanco y letras azules que decían CANTINA, CONSIGNA, JEFE DE ESTACIÓN. Maleteros con sus carretillas de madera recorrían el expreso a lo largo del andén. Iban vestidos con camisolas azules y gorra de plato negra. La gente llenaba algunas zonas con ademanes de estar despierta desde hacía mucho tiempo. Olía a perfume, hollín y actividad impropia de domingo. A la salida, una hilera de taxis negros esperaba a los viajeros. Una anciana vestida de gris y pintada, decía en una puerta: «Pensión, pensión...»

Aquel movimiento me gustaba y, al mismo tiempo, me hacía recordar las advertencias de mi madre. «Tú, la bolsa siempre contigo.» «No te pares a hablar con nadie en la estación, que ahí es donde culebrean los mangantes.» «El dinero siempre en la chaqueta y no te la quites para nada.» «Que se te vea cara seria para que parezcas mayor.»

En cambio, en el paseo que llegaba a la Alamedilla no se movía un alma. Sólo algunos taxis que regresaban cargados al centro de la ciudad. No sabía a qué distancia podía estar el centro. Suponía que no demasiada. Con lo que no había contado era con la bolsa. Al cabo de un rato, la avenida me parecía una eternidad con dos aceras y la bolsa un buque encallado en una dársena. Estaba caminando demasiado, y además con peso. En la pista me tendrían que prestar patines. Furioso, me senté en la bolsa y me arrimé a un portal. Podría coger un taxi, pero aún no sabía lo que daba de sí el dinero. Después del billete de ida y vuelta me quedaban treinta duros justos. Descontados los gastos del autobús y el cine para la tarde que se avecinaba, quedaba un remanente. Hice algunos cálculos y vi que eran inútiles: ignoraba los precios. Mejor era hacerse un plan.

Andaría trozos cortos y descansaría en medio. Tardaría más, pero llegaría bastante entero. Era lo fundamental. No agarrotarse.

Un golpe de agua, sin más, me caló la americana y se fue a rebotar a la bolsa. Levanté encogido la cabeza y llegué a descubrir la cara de una mujer y el borde de un palangana que dejaban el alféizar. Después sonó una falleba.

La bolsa no dejó entrar el agua, pero la chaqueta, el jersey y la camiseta estaban empapados a la altura del hombro y la manga derechos.

Con el primer escalofrío me puse a caminar todo lo deprisa que pude. Quizá me tomaron por un vagabundo. «No hay que acobardarse, que eso sí es desgracia», también se lo había escuchado a mi madre. A mí me daba cansancio, más que miedo, un mundo de gente prevenida donde mandaban virtudes de perro mal alimentado.

Algo más tenía que haber, si el mundo era tan ancho como decían.

Una racha de escalofríos se mezclaron con raros pensamientos.

Ganar y perder; pero la cabeza no estaba en ello. Después de un rato, me di cuenta de que las palabras cuando se piensan muchas veces, dejan de ser palabras. Ya no sirven; ya ni siquiera son lo que suenan. Una palabra era un mundo o no era nada. Aunque, desde luego, hay palabras a las que se busca un mundo donde ponerlas. Pero eso era amor de las palabras, todo lo más.

La manga estaba todavía pegada al cuerpo cuando llegué a la Alamedilla. Era una hermosa rotonda con la calzada de piedra y jardines con puentecillas y templetes. Las agujas de las iglesias asomaban por encima de los tejados, como en el Salzburgo de las enciclopedias. Había algo de sueño en la ciudad desierta y bella, a la que llegaba con una bolsa de cuadros. Además, como todos los lugares hermosos, parecía ocultar algo todavía más emocionante detrás de lo visible. Por eso yo no me cansaba de mirar y, por otra parte, quería ver más allá.

Por la izquierda, una familia de cisnes atravesaba un lago, doblando el cuello al pasar debajo de una puentecilla. Desde el pretil de la orilla, miré mucho rato la elegancia de aquellos animales. Era la primera vez que veía cisnes y, en la realidad, me parecieron tan inmóviles y soberbios como en las fotografías. Los cisnes hacían poco caso de las personas. Contemplándolos supe que estaba en otro mundo. Un sitio donde existían lujos como los cisnes y donde las cosas servían para fines que yo no imaginaba.

Me senté sobre el borde de la puentecilla. Los cisnes nadaban de una forma sorda, que costaba escuchar. Se desperdigaban y se volvían a reunir. Cuando alguno pasaba por debajo, me esforzaba en descubrir el tableteo que le empujaba en el agua. Era como el aspa de un vapor, uniforme y sostenido, pero viniendo de una profundidad que no parecía estar en los pies del cisne.

Mucho más tarde, siempre que volvía a Salamanca, el rumor del cisne me siguió pareciendo un descubrimiento raro y maravilloso. También hubo otra razón.

Enfrente del jardín, pasando la avenida, las luces interiores de una cafetería brillaban por el oscuro cristal de la entrada. Toda la fachada era de ese vidrio ahumado, nuevo para mí. En un letrero, que seguramente se encendía por la noche, estaba escrita la palabra «KAZAN» en rojo. No sería más que una de tantas cafeterías estándar que entonces empezaban a verse en las capitales, pero yo no lo sabía y, probablemente, empujé los batientes con solemnidad de despistado.

El lugar no dejaba entrar la luz exterior. Había lámparas cerca de mullidos asientos, junto a mesas del mismo vidrio que la fachada. El mostrador de madera hacía una comba con protectores de piel y se reflejaba en un piso con brillo. Calculé cuánto me costaría un café. La verdad es que, además, sentía hambre. El camarero de traje oscuro y un cliente me miraron con interés. Me pasó por la cabeza lo que dirían en mi casa. Lo lógico era comerse uno de los bocadillos en el parque y después tomar un café de pie en un bar barato. Estaba adiestrado contra el derroche, o todo indicaba que debería estarlo. Sólo una vez había entrado en un café caro de Ciudad Rodrigo, que se llamaba el «Castilla», el día que gané la copa grande de alpaca en la segunda Vuelta. Fue en pantalón de deporte, lo que me hizo sentir como a los maletillas que ganan el Bolsín taurino en la Corrida de Carnaval, y les invita una peña de aficionados con puro y ellos, humildes y satisfechos, piden un vaso de leche.

Coloqué la bolsa cerca de una mesa y anduve hasta la barra. Antes de abrir la boca, me había atajado el camarero.

—Buenos días, yo le sirvo en la mesa.
—Sólo quería un café...
—Yo mismo se lo llevo en seguida.

Volví a la mesa y me senté muy formalito. Me había tratado de usted y ya no podía defraudarle. Después de todo, estaba en una ciudad donde había cisnes en los estanques y era lo menos que podía esperarse.

Cuando me trajo el café, le hice una pregunta que yo creí de rigor.

—Oiga, ¿me puedo quedar un rato, aunque sea largo?

El camarero se paró un momento.

—Por supuesto. Toda la mañana, si usted quiere.

Aquel «por supuesto» ya me pareció demasiado fino y comencé a recelar de los precios. No pude evitarlo.

—¿Y a cuánto me va a subir el café entonces?

Ahora se paró del todo.

—A lo mismo que a todo el mundo, a siete pesetas, si le parece bien.

No descubrí yo la sorna de esa respuesta.

Tenía que creerlo. Por siete pesetas me trataban de usted, decían «por supuesto» en mi presencia y me dejaban estar lo que quisiera. Hice las cuentas deprisa. Estaba mareado por las posibilidades de los treinta duros. Veintiún cafés tratados de usted y sus «por supuesto», más tres pesetas para vicios. ¿No se habrían equivocado en el Instituto?

—¿Y si le pido un bollo?

—¿Un bollo?

—De untar...

—Ah, una ensaimada, un croissant, un tortel, pues seis pesetas más.

Me sonaban los nombres a salón parisiense. Había recorrido cien kilómetros y creía estar en el rabo del mundo.

—Pues un tortel.

El camarero lo trajo con un tenedor y un cuchillo. Miré todo de reojo: nunca se me hubiera ocurrido pinchar un bollo. Partí el tortel y lo fui mojando a pedazos con el tenedor. Disfruté con cada pedazo, lo que me resultaba el colmo del encanallamiento.

Escuché el aullido de la conciencia, exigiendo que me comiera los bocadillos y ahorrara de los treinta duros para darlo en casa. Jamás podría contar aquello. ¿Y si mi padre entrara por la puerta? ¿Dónde escondería los cubiertos y las migas?

Cuanto más repicaba la conciencia, mayor era el placer con que comía. Cuanto mayor el miedo de ser descubierto, miedo de culpable ruindad, más frenesí ponía en la cosa.

Yo era el que iba a correr. Se me debía todo.

El tiempo pasó volando. Estuve en las musarañas, yendo y viniendo, lo que quiere decir que el desayuno me sentó perfectamente. Creía que la vida podía cambiar y lo anterior, incluso lo inmediato, me resultaba extraño.

Extraño e importante, al mismo tiempo. Por ejemplo, que la carne estuviera siempre en el plato de mi padre y que le tocara a él decidir si la repartía. Que las piernas tuvieran que estar rectas bajo la mesa, para comer. Que no se pudiera hablar. Que no me dejara salir hasta media hora después de haber terminado. Que nunca estuviera satisfecho ni contento, sólo tuviera ese rostro perseguido, de hombre equivocado. Que no le hubiera matado ya, y con él hubiera matado mi vergüenza de verle siempre vencido.

Me paré en seco. Quería pensar hasta dónde había llegado. No estaba arrepentido de querer la muerte de mi padre, sino sorprendido de haberlo descubierto en ese momento, después de un desayuno con tortel, cubierto y camarero recién planchado.

Me convencí de que nadie es feliz cuando alguien le enseña todos los días su cara de derrota, sus cicatrices, y cada vez esa cara está más cerca de tu cara, esa cicatriz es la misma que acabas de descubrirte en el espejo.

Yo pensaba que la vida está por descubrir y que los derrotados duermen en lechos amargos y no les gusta viajar. Mi padre me mandaba a Salamanca para que utilizara su chandal. Si ganaba, ganaba su chandal, «C. A. España de Cueto», no yo. Mi triunfo estaba por debajo de quién sabe qué fracasos que eran de su exclusiva pertenencia. Siendo así, ¿tenía yo alguna posibilidad de éxito? ¿Qué era ganar, después de todo? En cualquier caso, desapareciendo él, las posibilidades aumentaban para mí.

El mundo es gris, me dije.

Pasaron por la calle algunas personas con sus vestidos de ciudad, como los que llevaban las muchachas de la primera fila de Cerralbo. Debía ser tarde. Oí el repiqueteo de unas campanas muy dulces, casi como esquilas. Esas campanas no servían para tocar a rebato, ni para avisar el peligro de un toro desmandado. Eran campanas de cromatina con un lazo, como las que se cuelgan del árbol de navidad. A mí no me llamaban ese día. Estaba contento de tener algo que hacer el domingo. Lo que fuera, mejor que la misa y la muralla y el arroz.

Cuando me levanté de la mesa respiraba una mezcla de libertad y odio. Pensaba en mi padre y en si volvería a tenerle vergüenza y en si tendría que matarle con mis propias manos, porque la perspectiva de volver me alarmaba y eran las once de la mañana.

Al salir del café, estaba perplejo. Había entrado a tomar un café y salía desayunado, rico y con la convicción de que mi padre debía desaparecer. No estaba mal por trece pesetas.

El aire fresco hacía milagros con mi cabeza. Los cines, las aulas victorianas del Instituto y, en general, los lugares cómodos y cerrados, estragaban mi carácter. Me volvía criminal, poseso o suicida con la facilidad del que se deja llevar por su imaginación y por el abandono de un sitio que no es el suyo. La mañana fría y radiante de la Alamedilla me devolvió a mi ser, o por lo menos al ser más frecuente. Miré con extrañeza la cafetería de umbros cristales y lámparas y me fui andando hasta la parada del autobús. Atravesé la avenida y me paré en la primera papelera. Abrí la bolsa y saqué un manojo de bocadillos. Tiré también la botella de leche que mi madre escondió en el fondo y que todavía no había descubierto. Ligero de peso, esperé el autobús con optimismo.

El Helmántico estaba plantado contra los tesos pardos y los campos amarillos, a la derecha de la carretera de Zamora. Era una construcción rara en aquel paisaje. Por fuera enseñaba el hormigón deslucido, propio del que tiene clientela asegurada. El club de fútbol había ascendido a Primera División y Salamanca vivía un renacimiento futbolero. A todo ello había contribuido aquel nuevo estadio que, además de campo de fútbol, contaba con pistas de atletismo, lo que no era frecuente ni siquiera en la imaginación de clubs más poderosos. Estaba todavía la palabra «Helmántico», con su eco nigromántico, como señalando a la catedral de un culto recién instaurado. Alrededor, el campo pelado y limpio que rodea las ermitas.

El autobús me dejó frente a una puerta donde había algunos autocares vacíos. Subí por las escaleras de un túnel en cuyo hueco final se veía el cielo. Pensé en toreros cruzando el pasillo antes de encontrarse el panorama rojo y amarillo de la plaza. En boxeadores que andan en la oscuridad del corredor antes de salir deslumbrados a la tarima del cuadrilátero. En un monje oriental que abre una pesada puerta y ve la cámara sagrada iluminada por el brillo de los ojos impasibles de las serpientes.

En aquel túnel retumbó el primer pistoletazo. Oí cómo las paredes se lo llevaban hasta la puerta, dejando el estallido en el aire. Si en aquel momento no me daba la vuelta y me volvía a mi casa, tal vez nunca más lo haría, nunca más volvería a sentir el horror a la competición que me paralizó entonces. Un sitio donde se avisa con disparos, en vez de tocar un pito o una trompeta, era un sitio perfectamente serio donde no iban a dejar ganar a cualquiera.

Salí por el corredor de tribuna, encima del túnel de salida al campo. El césped tenía un brillo de ilusión que yo no había visto en los prados. El pistoletazo había sido la señal de una prueba corta que terminaba ahora. Los jueces estaban subidos en una escalera, en el punto de meta, como en una pirámide. Lucían en sus chaquetas brillantes escudos y en sus manos brillantes cronómetros. No sabré nunca si tanto brillo estaba sólo en mi imaginación o si fue la impresión de la primera vez, en la que yo iba dispuesto a que las cosas brillaran y zambullirme en ese mar de fulgores como Invahoe en la marisma.

También brilló un martillo, lanzado desde su jaula, cruzando la diagonal del campo como una bola de cañón.

Los corredores hacían el calentamiento por un borde de la pista, en un margen de césped con bordillo. De los pequeños grupos de corredores saltaban también lentejuelas de sudor, que se esparcían como lluvia.

Había muchachas que realizaban ejercicios cerca del listón de altura. Todo daba la impresión de ser distinto a las carreras pedestres. En Ciudad Rodrigo, como mucho, las chicas jugaban al escondite.

La tribuna estaba llena de chicos de colegio y familiares que charlaban con los que pasaban trotando delante de ellos. Pero el resto del graderío permanecía vacío. Las gradas vacías atraían no sé por qué y durante un rato me resistí a bajar a la pista.

Sentía necesidad de pensar, de concentrarme. Pero no hilaba ningún pensamiento. Dentro de mí había el mismo silencio que allí abajo. Todo el mundo parecía ensimismado. No se escuchaba ninguna voz alterada, nada por encima del silencio de fondo. No era un silencio cualquiera, era un silencio grueso, que se palpaba. A veces lo rompía un grito de aviso, seco y tajante, que acuchillaba la calma de la competición.

Quizá hubiera preferido la bullanga de los circuitos naturales a aquella solemnidad para sordos de las calles marcadas, las vallas, postes, jueces, pistolas y cronómetros. El silencio de las alamedas del río, del molino, era tan distinto que no me atrevía a preferir éste.

Allí había movimientos precisos, todo lo que se podía sentir parecía haberse calculado antes.
Un lanzamiento o un salto, duraban un instante de nada en comparación con la quietud que le rodeaba. Correr o saltar eran actos instantáneos de un trabajoso pensamiento que duraba mucho más que la carrera o el salto.

Los que estaban en la pista se me figuraban filósofos que tenían la obligación de mirarme con aprensión. El pistoletazo fue una premonición. Debiera haberme marchado entonces.
La ignorancia me había hecho atrevido: vencer en el Helmántico, salir de mi casa, gastar dinero con la inconsciencia de un hijo de comerciante, salir en los periódicos en moldes de un centímetro. ¿En qué luna había soñado aquellas cosas? «Hay un destino», me dije, «que va contra los ignorantes, y ha llegado la hora de pagarlo.»

Volvería. Me pondría a estudiar en la cocina de mi casa y olvidaría el traidor tamborileo de las famas imaginarias.

Estudiar y no permitir que retrasaran mi examen de Latín sólo porque era un muchacho con las piernas largas.

Podía justificarme. Diría que me estalló la pólvora del pistolón en la cara, y que si no es porque la sangre me hizo resbalar, hubiera batido el récord de los mil metros. Era una buena excusa. Ahora tenía que robarle la pistola a un juez y explotármela en la nariz.

Tan satisfecho estaba con mi conclusión que la persona que llegaba a mi lado tuvo que tocarme otra vez para que despertara.

—¿Tú no eres el Farinato?

El que me llamó por el mote que dan a los de Ciudad Rodrigo (el farinato es un embutido recio, mayormente) era uno que recordaba de la Vuelta, muy moreno, ojos achinados y boca de baupres.

—Yo me acuerdo de ti —me dijo—. Aquí nos dejaste bastante impresionados. ¿Vas a por los mil?

—Sí, pero no sé dónde están los vestuarios.

—¿Y estabas aquí sentado porque no sabías ir a los vestuarios?

Se le inflaban los morros cuando se reía.

—Bueno, también pensaba —me defendí con convencimiento.

Debió pensar que yo no era un hombre tratable y la risa se le fue desdibujando, como un neumático cuando pierde el aire.

—Yo soy Melero y corro los mil —extendió la mano—. Vamos tres a por el Provincial. Si te das prisa todavía puedes animarnos la prueba. Empieza dentro de diez minutos.

—¿Diez minutos? —y lo dije con acento de desconocer esas unidades de tiempo.

—¡Venga, hombre! Ahí, en el túnel, la puerta grande de la derecha. A ver si puedes calentar un poco.

—Ya voy...

—¡Suerte y nos vemos!

Contra pronóstico bajé las escaleras como una flecha. Me crucé con Gil Pérez en la entrada. Me dio un par de palmetazos de ánimo y que me diera prisa.

Con el azogue del momento ya no me acordaba de que quería volver a la cocina de mi casa y ser un estudiante de provecho. La verdad es que me pasó por la cabeza, pero ya que estaba allí... Había llegado la hora tan de repente que ya no podía esquivarla. Pensé con pedantería algo que había visto pasar en las películas, que mi vida se iba a decidir y que estaba en mis manos. Quizá porque si no me representaba aquello como algo tumultuoso y fatal, y a la vez imposible, no encontraría fuerzas para correr. Si perdía, podría disfrutar todavía con mi propio desastre. Quería sacudirme el miedo, como los moscardones de la nariz.

«Miedo no», me dije mientras salía por el callejón, con las «Tao» de doble nudo, apurado y sin chandal.

En la pista me olvidé de todo. Ya no estaba la tribuna llena de gente, ni la silla piramidal de los jueces, ni las muchachas, ni los atletas con su calentamiento.

Estaba solo, sólo yo tenía piernas y una camiseta oscura, sólo yo permanecía en aquel lugar insonoro, donde lo pensado es un eco que viene de otra parte y el único ruido que dice algo es un pistoletazo que aturde y que deja un silbido que dura un minuto.

Me apreté en el grupo. El que más y el que menos cargaba por plantarse delante. El juez habló. Melero me miró las zapatillas negras y yo sus botas de clavos y las señales que dejaba al acercarse. Repito que no pensaba, sólo sentía palabras que caían como un guijo cae en un charco. «Récord provincial», «botas de clavos», «calentamiento». De pronto algo: «¿Cuántas vueltas son?» Melero me adivina: «Dos al pasar por meta.» Quizá no me adivina y se lo he preguntado. No sé. Necesito decirme algo congruente, algo que me haga estar aquí y no en el paisaje desordenado de los nervios. «Hoy no me duele la rodilla.» Me siento mejor. Tenía que decírmelo.

Pistoletazo. Un codo que se me clava. Uno sale disparado. Dónde va.

Me veo arriba del grupo, siguiendo al loco. Hay poco tiempo, no voy a dejarle distancia.

Veo caras al pasar por meta y alguien, que quizá ha visto mis «Tao» negras, me grita: «Cuidado, es una liebre.» No le entiendo. ¿Quiere decir que el de delante es muy rápido?

Le cojo en la curva. Me ha mirado extrañado. «Qué silencio», pienso cuando me deja de mirar.

Enfilo la recta con el loco. Es una liebre y la palabra «liebre» se queda ahí, mirándome también.

En el final de recta, gente con cronómetros. Al que va conmigo nadie le dice nada. Pero detrás dicen: «Ahí. Ahí. Va bien, Melero.»

Doblo la curva. El loco se sale de la pista y se va andando por el césped. Entonces noto las piernas como en el cine lento. La tierra se va pegando al suelo de la bota. No siento la pista. Mis zancadas son más cortas. Empiezo a empujarme con los brazos. Mal.

Deste atrás: «Venga, Melero.» Paso por meta. Suena una campana. Ultima vuelta. Miro hacia atrás. Melero está a tres metros.
«El Farinato se casca», oigo decir.

Es como si en el suelo fuera dejando una huella profunda de la que me cuesta salir. ¿Me estoy enterrando poco a poco? El resoplido de Melero está casi en mi oreja y entonces la cara del padre de Caguego, las fotografías de ciudades del expreso, la estación de Salamanca, la palangana de agua, el camarero, la increíble cantidad de treinta duros, los bocadillos en la papelera, los cisnes pasan por mi cabeza y me hacen señas, señas raras porque una estación no hace señas, pero los cisnes sí.

Los cisnes andan por el agua sin mover los pies, livianos como si tuvieran el lujo del movimiento sin moverse, como los dioses en que se convierten los campeones después del certamen.

Enfilo la recta y sé que no voy a llegar siquiera al final de ella. Tengo que salirme. Las botas están rebozadas de tierra. En los pulmones entra un hilo de aire escaso y necesito más, me ahogo.

Melero sale por la segunda calle, dentro de un momento me dará la espalda. Se añaden más jadeos. Todos van a ganarme.

«Soy un cisne al que no le duele la rodilla.» A lo mejor lo pienso porque he visto a Melero por el rabillo echando baba y que ahora él también se empuja con los brazos.

«No estoy acostado en el banco, como el padre de Caguego, porque soy un cisne al que no le duele la rodilla y que llega al final de la recta y dobla la curva y Melero no me ha pasado, aunque hay voces que cantan a grito pelado: "Pásale ya, va quemado, Melero".»

Yo no voy quemado, es distinto. No puedo correr, es cierto, pero corro y el corazón me duele; tampoco necesito aire, es que no necesito nada para correr, sólo que soy un cisne perfecto que tira sus bocadillos y que no le duele la rodilla cuando mira la cara del padre de Caguego.

«Eres un cisne perfecto que no necesita domingos», y todo en mí tira de mí, más allá de mí, quizá más lejos de la propia meta, cuando ya faltan metros y no oigo a Melero ni a ninguno y los gritos, por fin, se dirigen a mí, que estoy solo en aquel lugar, porque hay lugares donde uno está demasiado solo y se sabe visto, no obstante, como yo ahora, en que navego por debajo de un puente: «Sufre, chaval, sufre, que hay récord.»

No me cuesta nada levantar los brazos tan pesados, lanzando a las nubes mi victoria, una victoria de trenes pasando a la velocidad de la luz por países que duran un segundo y donde muy pocos consiguen apearse con una bolsa de cuadros en la mano, huyendo de un cine de siete pesetas con derecho a caramelo masticable, y sentir una mano que me toca y oír que «tienes el corazón de plata, muchacho», para caer redondo ante una docena de caras incrédulas que me echan una manta por encima.

CRISIS VII

«Hay cosas que a uno no le dejan respirar», fue lo primero que pensé después de escribir la carta a mi madre. Las cosas se desintegran, por ejemplo el pasado que se desintegra, pero el que vive dura más y eso puede ser insoportable. A nadie se le puede explicar lo que pasa. Es curioso. Nunca habrá nadie que entienda ni la mitad de lo que ha pasado y, por lo tanto, no hay que aspirar a que sepan quién es uno en el presente.

Mi padre ya no estaba. Yo pensaba en ello enfermo en la cama de una pensión. Mi madre llevaba sola una tintorería que se arruinaba poco a poco. El cartero le entregaría dos cuartillas de inquietudes. Eso no me dejaba respirar: que me encontrara con un mundo tan cerrado y descompuesto y que yo estuviera allí, en el mismo centro.

Cuando alguien no puede respirar mucho tiempo, una de dos, o se asfixia, o se acostumbra a vivir sin el aire. Quiero decir, sin tanto aire como los demás.

No era la primera vez que tenía esa sensación. A lo mejor, por eso era un corredor de media distancia. Me faltaba aire para la más larga. Y a los mil quinientos llegaba con el aire justo, quizá con un poco menos, lo que quiere decir que había unos metros en los que yo podía correr sin respirar, como un pescador de perlas.

Por rara casualidad, la habitación no se me venía encima. Lo de mi ahogo era una cosa de dentro. En la pensión no estaba tan mal. Todos los días charlaba con Josefa y Rosa me hacía visitas esporádicas. Ponía más atención a todo, como si hubiera bajado el ritmo voluntariamente y no importara detenerse de vez en cuando.

La dueña, por las mañanas, cogía un clavel del pasillo y lo ponía en un vaso de agua en mi mesita. Traía la bandeja con el té, las galletas y el vasito de agua. Mientras removía el azúcar en la taza, ella colocaba el clavel donde yo pudiera verlo. Aquella flor cambiaba la habitación. Me desconcertaba el hecho de que Josefa no lo olvidara nunca. Pero a ella le desconcertaba más el que yo no pudiera distinguir un clavel de una rosa o de un geranio. Nunca me fijé en los detalles. Lo que pasaba con las flores pasaba con otras cosas. Yo no sabía cómo me gustaba más la carne, si muy hecha o poco. O la cantidad de azúcar que ponía en el té. Yo comía carne y echaba azúcar, pero sin que mi gusto interviniera en ello.

Ahora, a ritmo lento, con largas pausas, todo tenía otra importancia y yo me descubría como un analfabeto en el mundo de los peatones.

Josefa me había preguntado por mis platos preferidos. Eso fue al comienzo de la enfermedad. Tenía una hepatits y le dije que garbanzos o croquetas. Era como el episodio del bollo en la cafetería de Salamanca, con la diferencia de diez años de por medio. Después de eso, pensé que algo en mí permanecía tan irreductible y tosco como al principio. Durante los años en que los adolescentes se convierten en hombres y aprenden a distinguir una instancia de un cuaderno de caligrafía, mi pensamiento se había concentrado en distinguir una liebre de un trotón, en bajar de cuatro minutos, en olvidar proyectos a los que no dediqué un gramo de energía, en destilar una traición imaginaria por el alambique de mi pobreza perezosa.

Me esperaba un largo reposo. Dedicaría mi tiempo a pensar cómo descubrió Josefa que un clavel cambia una habitación entera. Elegiría mis terrones de azúcar y pediría la carne tan cruda o tan pasada como realmente me apeteciera. Más tarde, tal vez, Rosa me leería libros y yo iría colocando palabras en la otra habitación de mi memoria, donde los claveles se renuevan también todos los días.

En esa habitación quizá pudiera respirar un poco, tomar el aire suficiente para escribir cartas a mi madre y luego seguir viviendo.

La dueña vino a ventilarme la habitación. No abrió la ventana, sólo la puerta que comunicaba con el pasillo y los balcones de la calle. Así no tendría corriente. De afuera llegó el murmullo del Instituto femenino, las prisas, los carpetazos, las capuchas enrollándose en el anorak, las fallebas, gritos de llamada, una risa. Como continuando, pensé en Rosa, aunque Rosa no iba a ningún Instituto, pero sí pensé cómo sería Rosa entre la gente. En la Universidad, en sus clases de danza. Cómo sería aquel sin esfuerzo con que parecía hacerlo todo. No parecía la hija de Josefa, ni de nadie, no era una hija: su madre la respetaba y la protegía como un lacayo. Apenas paraba en casa, pero en esas horas del mediodía o de la noche Josefa la contemplaba y la seguía a todas partes, sin que tampoco hablaran demasiado.

Me había fijado muy bien, casi por instinto, cuando al día siguiente de silbar «Dulce Carolina», ella se presentó en la habitación.

Se sienta fácil, distraídamente, y deja su mirada quieta, como en un estante, en alguna parte de mi cara. Yo hubiera preferido que esa mirada me cubriera de arriba abajo y no entiendo por qué, pero hay una diferencia. Todo esto es confuso, no lo niego, porque estando ella es fácil caer en la confusión. Es que tiene sus ojos fijos en un punto y ese punto, tengo la certeza, no soy yo.

Digo esto como si la conociera de toda la vida y después de muchos despistes necesitara concentrar mi atención en las causas, es decir, en ella.

No sé si quiere hablar, mirar o sólo sentarse. Tampoco

parece que venga empujada. Además, ha sonreído y yo me siento en la obligación de responder, pero no con otra sonrisa, sino con palabras, catarata de palabras. Así que me pongo a hablar y ella, de vez en cuando, mira a los pies de mi cama, miro impaciente los pies de mi cama y en los pies de mi cama no hay nada que mirar.

Otra vez mi monólogo donde, aparte de estar pensando lo que digo, pienso lo que ella estará pensando y qué cansancio, al poco ya me importa un rábano lo que digo, me paro en seco y me dedico a mirarla.

Ojalá hubiera podido evitarlo, el caso es que se ha dado cuenta de que miraba sus rodillas; la verdad es que no sólo sus rodillas, también sus tobillos. Difícil va a ser que lo entienda. Estaba tan cerca que me ha parecido que siempre lo había estado, que era habitual extender la mano y tocarla.

Se enrosca un dedo en un rulo del flequillo y lo lanza hacia atrás con un gesto que no se nota. Es guapa, creo. Me imagino una mano llevándola de la cintura, mientras una orquesta tachín-tachín. Una mano que escala y cae en su espalda y, ella, los giros voluptuosos de tobillo en un suelo que brilla. En el fondo, algo así como una pelea porque la punta de su pecho no roce al que la lleva. Y la música, el disimulo.

Sospecho que me está subiendo la fiebre. Además, no sé bailar.

Tiene serias las comisuras de la boca. Sus labios son rectos, simétricos, con una carnosidad inteligente.

Entra Josefa, riendo y agitando las manos como abanicos (nos ha observado con cuidado): «que hay que ponerse bueno, churumbel», las cruza después con graciosa severidad a la altura del ombligo, «que ya le sube otra vez la guapeza y eso que se nos moría, mi niño qué susto. Tiene usted una visita»; «me voy», dice Rosa. La dueña estira las arrugas de la cama y salen las dos. La habitación queda sola como una plaza después de una fiesta. ¿Se habrá enfadado por lo de las piernas? Ya sé, tiene una forma de mirar como si alguien la estuviera esperando siempre en otro lado. Bilbao ha entrado en el cuarto y mis ojos todavía la siguen por la escalera y la calle, y una cita que en mi imaginación es mejor para ella que mis palabras y mi miedo atropellados.

Bilbao no sostiene la mirada al principio. Después se sosiega y ya todo va normal, incluso cierta fija intensidad. Hay días en que Bilbao es un individuo sereno, un poco abstraído, que da consejos de experimentado. Y otros en que se derrite, se vuelve líquido y se le van la vista y las manos por un revoltijo de caminos en donde se pierde y se hace incomprensible. Yo sé tratarlo. Acaso distinga en mí un perfil de perdedor y otro de triunfo, con los que se identifica alternativamente.

—Barbeitos ha dicho que contigo se nos ha ido la escuela metafísica de atletismo. Lo ha dicho con cara de poker, como él dice esas cosas. Por cierto, está distinto, rencoroso; yo creo que no sabe lo que quiere.

—Es que a los cuarenta el metabolismo empieza a hacer crisis.

Bilbao comienza a reírse, pero se corta a la mitad y juega con los dedos como si escondiera algo importante. Me pregunta por la enfermedad. Se la cuento entera. Me siento tranquilo teniendo un tema amplio sobre el que disertar con él. Le cuento algunos detalles técnicos que he aprendido; cómo la cosa, más que desgraciada, es complicada. Aunque se trata de mí, le doy un tono general a las palabras que distiende la dificultad del trato. Al principio, me sigue con interés, pero luego se aleja a una de esas regiones cuyo paisaje sólo se distingue desde su cabeza.

—Yo creo que a Barbeitos le importa el éxito más que a todos nosotros juntos...

Por fin.

Me enfada tener que discutir ahora ese asunto. Por qué serán tan importantes las razones de los otros (con qué se mide la cantidad y el deseo de triunfo, y quién conoce las verdaderas causas). ¿Adónde quiere ir a parar? Tengo la impresión de alguien que busca un fantasma en su monedero cuando se le han acabado las perras.

Cierro los ojos. Me pregunto si seré capaz de no decir nada.

—... más que a todos juntos. Conmigo cada vez habla menos. Me tiene ahí como a una estatua. Antes, subía con nosotros al circuito y a la mitad nos dirigía una sesión de ejercicios, al lado de la puentecilla, en el claro. Luego, en otros quince minutos estábamos arriba del todo. Hacía los planes en voz alta. Se encontraba uno bien. Entrenar no costaba nada.

Abro los ojos y todavía no ha dejado de jugar con los dedos. La cabellera pelirroja le cae sobre los hombros y la cara. Cada vez se inclina más, parece un reo a punto de arrodillarse. La voz es opaca como la de un magnetofón.

—... pensaba en sus cuatro figuras y en que pronto se encargaría del equipo nacional. Había gente con muchas posibilidades, eso era verdad. Fíjate que estaba entonces Gaite, Balbino, Malmierca y Lucas Hernández. El mejor medio fondo. El mejor, sí señor. Lo suyo era un romance y de tanto amor nos beneficiábamos todos. Había alegría en todo, y ganas, y aquello no se tenía que acabar nunca. Tú ya viniste tarde, pero lo hubieras visto. Leche, Charro, lo hubieras visto...

Y Rosa por ahí, bailando frente a un espejo, o paseando por una alamedilla con algún tipo inspirado, como los tiene que haber, no todos van a ser como éste o como yo, con tanto talento para el subsidio prematuro.

—... y cuando pasó es que nadie se lo creía. Atiende: mira si es posible. A Gaite le mandaron de maestro a un pueblo de Sevilla, se lo pensó mucho, pero una oposición ganada es una oposición ganada y el chaval se marchó. No supo cómo decírselo a Barbeitos, así que ni se despidió. Balbino se partió una pierna haciendo el gilipollas con una valla, a principios de verano. Pegó mal con el talón, se enredó con el artilugio y se la acabó dando contra el bordillo. Todavía tiene un clavo a la altura del muslo. Es uno así muy blanco que se arrima a Barbeitos en el Vallehermoso, que lo emplearon allí, me parece que de mantenedor. Malmierca se casó y su mujer le dijo que para qué era aquello, que él de verdad era delineante y la casa era de los dos, que eso de ella por las mañanas al Ministerio y él al campo, nanay. Y Lucas Hernández fue un pego total. Total, oye. Se le hizo como un acojone y empezó a decir que si no sería mala tanta competición, que tenía el hígado delicado, de familia para más inri, que le daba miedo apretar y que si tal y que si cual. Acababa la prueba mirándose la parte del costado por ver si tenía ya alguna inflamación, porque creo que su abuelo había muerto a los ochenta años de una cosa así. Qué quieres que te diga, y todo esto en un año. En un solo año. Barbeitos rumiaba. Quedamos los regulares hasta que tú llegaste. Nos viene uno que es charro, recuerdo que dijo. Casi tenía cicatrizado lo otro.

Lo que le pasa a Barbeitos le pasa a mucha gente. Las cosas no son lo que parecen. O lo son, y entonces guisamos la pieza antes de cazarla. Qué quiere Bilbao que yo le diga. Una historia muy triste, de verdad. A mí no me va nada: que cada uno se haga cargo de sus fantasmas. Se vive con supercherías. El que más corre no tiene por qué ser un corredor. Así, todo. El que más ama, no tiene por qué ser amado y qué sé yo cuantas cosas más. El que más ama...

El tipo que está con Rosa tiene que quererla. Me lo imagino. Suave, de manos estiradas, al lado de ella se siente algo importante. Medio rico, además. De esos que no tienen problemas históricos ni personales, fuera de alguna neurosis canina producida por la selección de raza. Sólo me faltaba odiar a un individuo que no conozco y que puede que no exista. Ordago.

—...aunque lo perdido, perdido estaba. Por ejemplo, ya no calentaba con nosotros. Nos estaba esperando arriba, con el ciento veinticuatro. Yo creo que pensó que de esa forma podría faltar algún día. El hecho es que no faltó, lo he pensado mucho, no tuvo arrestos o, mejor dicho, uno no puede darse media vuelta y en paz, requiescat, por el saco. La Federación le paga de todas maneras con el título nacional. Pero no falló ni un día. Le faltaron huevos o le sobraron, me pongo a dudar. Y esto otro, cada cual tenía una ficha con el trabajo del mes, por si acaso; ya te digo que se me hace como una salida de emergencia que, a lo cierto, nunca se usó. Tú ya le has visto, el coche parece una madriguera. Deja una puerta abierta. Tiene épocas en que estudia los entrenamientos desde el volante. Te recibe desde su cubículo, como si echara de menos un despacho en mitad del monte. Da el aspecto de un médico en consulta. O cuando no se quita las gafas de sol, que no sabes si te mira o está mirando un pájaro por encima de tu cabeza. Así le conociste tú. Contigo le vino otra ilusión. Yo acababa de echar sangre. Me dediqué a vigilarte desde el principio, a ponerte en conserva, como quien dice. Tú no nos podías fallar. Y empiezan las cosas raras. Yo no te entiendo, Charro, pero me he ido haciendo a ti, por eso te doy estas explicaciones. ¿Te entiende él? Y está lo de que no te ríes nunca y hablas poco. Contigo hay que hablarlo todo, lanzarse... Es el mejor, recuerdo que dijo, pero no sé por qué viene a Madrid.

Voy hundiéndome en la almohada y en el fondo de la cama, como si hubieran puesto un peso todo a lo largo. Pienso en la carta de mi madre. La leerá tres veces, o dieciséis. No se lo contará a nadie. Será de noche y mirará por la ventana, pero no verá Madrid. Madrid no se ve desde esa ventana. Sólo una calleja con un almacén de plátanos, una tapia, un molino que tampoco se ve. Pasará el estropajo por el fogón, lo mismo que cuando lo de mi padre. Esta vez no podrá contarme la única historia que en su vida ha contado. Ellos eran de Santander. Se casaron y compraron un mapa. Pusieron un dedo en alguna parte y después lo llenaron de aparatos de tintorería. Ahora, quizá, piensa que también puso un dedo en esa ventana. Me asfixio. Dios...

—... que más daba, ¿no? El caso es que venía alguien para coger el testigo, y que Lucas Hernández había corrido contigo en el último año infantil. Sí, hombre, en el Helmántico, les invitaron no sé cuándo. En Salamanca te tenían fama, yo también tengo un recuerdo. No sé lo que pasaría después. Algo pasó, ¿no? ¿Cómo te llamaban...? Bueno, lo que yo venía a decirte es que eras alguien y que llegabas por la gracia de Dios. Nadie te buscó, nadie te había llamado: era una buena señal. La gente tiene menos miedo a lo malo, que a que lo bueno cambie a malo. Y a nosotros nos había cambiado. Nadie se acercaba a Barbeitos sin verle esa cara de reproche, reproche por nada, porque nosotros echábamos al bofe, y más cuanto menos nos creíamos. No éramos nadie, y a lo peor ni lo íbamos a ser, y entonces corríamos con las cuatro piernas. Ahora hay una cosa que te quiero contar. Déjame, es lo último. Le hiciste una pifia, espera, ya sé que tú no, pero él lo padece así. Sigue yendo, más puntual que nunca. A nadie le falta la ficha. Los programas se cumplen. Los cronómetros marchan. Es otra cosa. A veces está allí y no está. Se afantasma, quiero decir. Tú has visto los jinetes del Club de Campo que cruzan por el circuito y se paran a mirar. Antes se cabreaba, gandules y tal, distrayendo. Le ha dado por hablarles. Se acerca, acaricia los caballos y hace amistad. Cada vez se queda más tiempo. No sé de qué habla con los jinetes, pero hace tres días se le olvidaron las series. Fui a preguntar. Dirigió las gafas hacia mí y dijo, sonriendo, extrañado: «Como siempre.» ¿Es raro, no? Decir «como siempre» es hacer rutina, le das a la manivela y la fábrica se echa a andar. Series de quinientos y seis minutos de recuperación, siete series. Hay quince tíos allí a los que no se puede dar recetas de cocina. Tienes que escucharles todas las mañanas y verles rodar, ponerles en su sitio en el entrenamiento, quitarles los cepos del camino, que todos caemos en trampas, acuérdate de Lucio. Por eso te digo que a veces está allí y no está, que se afantasma. No sé de qué puede hablar con esos señoritos. Parece también como si se jactara de ese trato. Pendonea con ellos y hay uno que se para todas las mañanas, creo que es escritor, Planas o algo así. Fíjate, un tío que llega y se para a mirarnos desde su caballo, en traje de montar, como miraría a los galgos.

Se calla un rato. Puede que esté pensando si debe seguir. Mala sensación ésa de hablar mucho. Le distrae el clavel. El patio le da en contraluz sobre la cara. El ojo iluminado está mucho más claro que el otro. Me gustaría decirle: «Remansa, que te vas a salir de pista.» No se lo digo, creo que prefiero que siga hablando, seguro como estoy de que quiere terminar en algo. Los náufragos tienen que contar entera su historia.

—...me mira como a una estatua, pero una estatua de las que han perdido el brazo, o la pierna, o algo. Y luego voy a casa y me encuentro esa misma forma de mirar...

Qué silencio ahora. La tarde está muda, de las ventanas no sale ningún ruido. La cara se le ha muerto a Bilbao. Va a escupir el reptil.

—Si duermo con los ojos abiertos es porque me viene miedo de que ella me esté mirando cuando duermo. No es que me diga nada, al contrario. Nunca ha dicho nada, pero Marisa tiene algo dentro ahora. Si lo ha tenido siempre, ahora está mucho más crecido. Y yo no hago por sacárselo, se me quitan las ganas cuando me mira así.
—¿Y cómo te mira? —digo desconcertado.
—De esa manera. Como Barbeitos. No hagas que te lo explique. Es lógico..., sí.
—¿Qué es lógico?
—Eso, que llega un día, tengo treinta años compañero, en que te empiezan a poner en la balanza, como cosa natural y es que has estado pasando puertas sin enterarte y no te has quedado en ninguna casa. Yo sé que no es lo mismo, que he aprendido cosas, pero si me pesan...
—Ponte la careta. No hagas caso, se le pasará...
—Tendría que ganar otra vez, o bajar las marcas, por lo menos.
—Por donde tú corrías todavía huele a sangre. Esto no es una película: veinticinco años no los tendrás más veces. Más vale que plantes a Barbeitos, de momento.
—No lo entiendes...
—O a tu mujer, o a quien haga falta...
—No se puede, me extraña que te hayas dedicado a esto...
—Los kamikaces no están de moda, Bilbao.
—Sólo otra vez y sería distinto...
—La próxima puede que te mees las tripas.

Bilbao se marcha de noche. A los atletas no les gusta andar, así que cogerá el metro de Isaac Peral. A mí no me gusta tampoco. Prefiero sentarme y ver pasar gente. Caras y caras de las que no queda nada después. El barrio de Bilbao debe estar a la misma distancia que París en avión. En tiempo, se entiende. Aunque por lo que a mí me toca, todas las distancias se miden en tiempo. Los sitios no están ni más cerca ni más lejos, depende de lo que tardes en llegar. Para mí había más distancia de Ciudad Rodrigo a Salamanca, que de Salamanca a Madrid. Pero ésa es otra historia. Mil quinientos metros pueden ser tres minutos cuarenta y cinco segundos y dos décimas o más de un cuarto de hora, según se trate de una prueba o de llegar desde la pensión hasta la pista. Cosas.

No estoy muy seguro de lo que me ha contado Bilbao. Sé las palabras. Pero nada más. Dentro de poco llegará a la fábrica y allí seguirá dándole vueltas y mañana le pasará como a mí: no estará muy seguro de lo que ha dicho. La verdad es que no puedo meterme en su piel ahora mismo.

No podía meterme en su piel. Podía imaginar un par de cosas y después todo Bilbao se esfumaba. Pero hacía el esfuerzo. Bilbao empujaba una puerta metálica, al final de una nave partida por las máquinas, los fuselajes, las oficinas. Abría y cerraba una taquilla y luego se iba hacia una cancela. Desataba dos enormes perros guardianes que le brincaban y le daban con las pezuñas por encima del pecho. Miraba la fábrica gris y vacía, y les agradecía el acompañamiento.

Los automóviles pasaban por aquella carretera del extrarradio hasta medianoche. A partir de entonces, se hacía raro el ruido de un motor. De madrugada, inconscientemente, Bilbao se ponía de pie cuando escuchaba alguno. Era una tontería y lo sabía de sobra. Los ladrones no llegan con el coche hasta la puerta, dan un par de vueltas de reconocimiento y lo aparcan en la zona obligatoria. Pese a todo se levantaba. Tonterías.

En cualquier caso, sólo hacía la ronda cuando el último automóvil ya se le había quitado de la imaginación. Llevaba una barra de hierro y le acompañaban los perros. No creo que llevara pistola. Era difícil conociendo a Bilbao.

Una ronda por hora... No, es mucho. Cada hora y media pongamos. El camino estaba iluminado por unas cuantas luces ámbar, insuficientes, dejando sombras espesas en el centro y un pasillo de claridad difusa junto a la pared. Bilbao se arrimaba a ella y se hacía la idea de atravesar un laboratorio fotográfico para escapar del miedo. No era miedo, tampoco. A costa de tiempo el miedo desaparece de la superficie, se vuelve pez y entra en la hondura de las personas. Bilbao sabía que su comportamiento tenía que ver con el miedo, pero el miedo ya lo había olvidado. Quedaba el reflejo, el rictus, y se había disipado la emoción.

En el cuarto del celador, la mesa sostenía dos pilas de revistas. Eran números viejos de las dos o tres importantes que circulaban. Había artículos de Cagigal, como el «Atleta autómata» que tanto le había impresionado. En el fondo, a Bilbao no le hubiera importado ser uno de esos soviéticos que aspiran al automatismo y se entrenan en la repetición, una repetición que es ir vaciando poco a poco la cabeza y consentir que cada fibra de músculo se convierta en el centro del carácter y de la inteligencia. ¿Había nada mejor? Un atleta perfecto y una cabeza a la altura de las circunstancias, esto es, hueca.

De todas formas a Bilbao le gustaría convencerse de que las cabezas huecas son mejor para todo. Un celador con la cebeza vana no tiene miedo. Un atleta no mea sangre. Un marido cierra los ojos.

En la mesa pasaba el tiempo con una lentitud que había dejado sentir también. Los perros no molestaban hasta que amanecía. Entonces había que darles un paseo antes de devolverles a su celda definitivamente. De momento, buscaban un sitio cerca del radiador y se hacían un ovillo insomne y silencioso.

Bilbao levantaba los ojos de las revistas para fijarlos en la pared o en la escotilla entornada de más arriba. La noche tenía espacios en blanco que le absorbían y le llevaban hasta ese muro en que se apoyaba su mesa. Se quedaba allí sus buenos ratos y luego volvía a inclinar la cabeza sobre su artículo. Otras veces, con el caperuzo de un bolígrafo rascaba la cal y dibujaba unas figuras sin pies ni cabeza, que a él se le antojaban arte abstracto del mejor.

Cuando se lanzaba hacia atrás y se quedaba con la silla en suspenso, sujetándola con un pie en la mesa, encontraba el cristal de la escotilla y detrás el cielo oscuro con relámpagos granate, reflejo del neón que manchaba la ciudad.

Era lo único verdaderamente distinto en aquel lugar. Bilbao tenía propensión a mirar las estrellas desde que en el colegio, un día, el maestro les había asegurado que mirando un sitio por pequeño que fuera, nunca se acababan de contar las estrellas. Detrás de cada una, había otra que la iluminaba y detrás, otra y otra, y cuando se miraba fijamente se descubría esa profundidad del cielo, a diferencia de los tontos que lo miran de corrido y piensan que es infinito porque es muy largo, y en realidad, lo que es, es profundo.

Volvía al artículo del atleta autómata, o al artículo que fuera. Consideraba su obligación saber cosas, aunque lo fundamental para él era correr, atravesar los primeros techos, las primeras limitaciones, las primeras estrellas, y encontrarse con otras posibilidades nuevas, llegando hasta el fondo de lo que su corazón daba de sí, al que nunca se llega, como nunca se llega hasta el fondo del cielo.

Le distraía de pronto el ruido de alguna máquina. Las máquinas sonaban a veces durante la noche sin motivo aparente. Empezaba una y la seguían otras, como si ellas también necesitaran conversación. Al comienzo, hacía bastantes años, se ponía en guardia. Los rodamientos, las planchas de zinc, las cubiertas de acero, las poleas crujían y callaban, amenazaban y callaban, quejumbraban y callaban, y Bilbao tuvo que aprender que era su forma de existir. Descubrió que siempre eran las mismas, pronto reconoció cada cachivache por su ruido.

Bilbao volvía a las revistas, que también era una manera de no estar demasiado lejos de los demás atletas que dormían en sus casas, y en uno de esos regresos veía las letras teñidas de otra luz. Era que la palidez de la aurora entraba de improviso por la escotilla y ni se había dado cuenta. Y este no darse cuenta lo había aprendido, lo mismo que lo otro, hacía mucho tiempo, cuando no soportaba la fábrica, la soledad y el miedo, y sólo aguantaba la soledad, el miedo de las pistas y de los inviernos, antes de que ese miedo y esa soledad le agarraran por la vejiga una mala mañana y lo mandaran al cementerio de los atletas fracasados.

En media hora se había lavado, sacado los perros, encerrado a los perros y con el primer autobús de obreros, puesto a esperar su autobús, el primero que llegaba a su barrio en el otro extremo de la ciudad. Se iba a meter en la cama corriendo. Para la sesión de tarde estaría a punto. Eso del atleta autómata tenía que decírselo a Barbeitos.

CRISIS VIII

Cincuenta o sesenta días para una vida normal no es nada. Entre otras cosas porque la vida normal está jalonada por acontecimientos y fechas significativas. Hay fiestas, deudas, trabajo, los sábados a la sierra, domingos y emociones de esas que duran más que el día, resacas y misterios que atraviesan los meses, amores y renovar el carnet de identidad, un perro se me cruzó, por no pillarle, mira el faro izquierdo, te he dicho Concha que el dinero ni me lo nombres, somos pobres pues bueno, somos ricos qué suerte.

En la cama el paisaje es muy distinto. Lo que no anda el cuerpo, lo anda la cabeza, pero siempre por los mismos recovecos. Cincuenta o sesenta días parecen cuarto y mitad de la existencia. Hay que ponerse boca abajo, y en eso se reparte el tiempo. El techo tiene el mismo agujero, la puerta el mismo chillido, la cama la misma perspectiva, las horas son los números de antes y de después.

A pesar de todo, yo comenzaba a tenerle fidelidad a aquel estado. No, de seguro, por el provecho que estuviera sacando de él. Pensaba en todos los que, desde la enfermedad, habían concebido o realizado obras. Los recordaba del Bachillerato, Aleixandre, Proust... Y aquellos a los que simplemente les había dejado un hábito nuevo, una forma de ser, por ejemplo, Vidal.

No era mi caso. Yo estaba bien allí, estando sencillamente allí (lo que no sabía era a cuento de qué había salido

Vidal). El sitio no era bueno, la situación tampoco, no había felicidad posible, pero tampoco se daba lo contrario.

Era diferente si Rosa aparecía. Aquella comodidad ya no era tan cómoda. Algo se me saltaba en el cuerpo. Podía ser vergüenza o ganas de que se quedara más tiempo.

La tercera o cuarta vez que se asomó por la habitación me dejó un par de libros. Se acercó una silla y hablamos. Hice esfuerzos por no mirarle las rodillas.

—Te puedo traer otro, si no te gustan.

—¿Tú lees mucho? —y me salió una voz un poco recelosa, de la que luego me arrepentí.

—Lo que puedo. ¿Por qué lo preguntas?

—Yo estudio Filosofía y...

—Mi madre me lo ha contado. Y también corres, ¿no?

Estaba confuso. No podía hilvanar ideas. Sólo me quedaba el recurso de ser sincero, para no acabar haciendo el ridículo o mirándole los tobillos.

—Así que estudias Filosofía...

—Dejemos eso. No la he estudiado nunca, sólo ha habido intentos. Ni siquiera sé si me gustaría hacerlo, porque nunca lo he hecho. De momento, soy un pasable caballo de carreras con la barriga un poco infectada. Nada de particular.

—¿Siempre te haces un diagnóstico tan meritorio?

—¿Por qué me traes libros?

—Creí que te ayudaría. Si quieres me los llevo.

—No es eso...

Nos callamos. Ella miraba el pliegue del vestido sobre su rodilla. Yo miraba su cabeza inclinada, con la nuca al descubierto.

—Bueno, me voy.

Esperé hasta que llegara a la puerta.

—Quería decir que si yo te parezco alguien que lee libros.

Se detuvo con la mano sobre la manilla.

—Tú me pareces alguien que necesita hablar con alguien, por eso he venido.

—A mí no me gusta hablar.

—A lo mejor es que no tienes nada que decir.

—Precisamente. Nada en absoluto... Me gustaría que volvieras.
—Tendré que pensarlo.
Empujó la manivela y salió.

No había sido sincero, sino violento. Pensé que la sinceridad siempre es violencia contra uno mismo y que no es del todo sincera. Uno dice «voy a ser sincero», y acto seguido se escucha el afilar de los cuchillos, antes de empezar a hacer filetes.
Sinceramente, debí esperar algo más de mí mismo que sinceridad. Había cosas que aprender: los claveles, la comida. Después, a lo mejor me interesaba más la Lógica y el Latín. Yo no sabía nada del mundo donde tenía puestos los pies y lo único que se me había ocurrido era estudiar Filosofía pura. Lo dice la palabra, «pura». A mí no me gustaba la pureza de Bilbao o la de Lucio. Tampoco me gustó la de Vidal, que vivía escondido detrás de ellas para que nadie le pudiera ver.
Estuve pensando que si la sinceridad era violencia, tal vez la pureza fuese miedo, miedo a hablar, miedo a conocer doce especies diferentes de arbusto, o de persona, o de verdad. El atletismo podía ser tan puro como la Filosofía.

Conocí a Vidal el último año de Bachillerato. Era alto y débil, con cara demasiado pálida y unos ojos demasiado grises. Andaba muy inclinado, muy despacio. Como alguien que ha perdido algo entrañable y espera encontrarlo en cualquier parte tirado en el suelo. Se le conocía una especial aptitud para perder los cordones de los zapatos. Caminaba changleteando. Había estudiado en los agustinos de Valladolid, donde había aprendido a mirar por los cristales mientras los otros jugaban y a leer autores incomprensibles durante los reposos obligados de una enfermedad crónica.
Una mañana, al volver de la clase de Gimnasia, perdió un zapato en la escalera. Un serrano, de los muchos que había en el Instituto, cada vez que Vidal se agachaba a recogerlo, le daba una patadita y lo echaba un poco más abajo. Vidal se agachaba inútilmente y el otro repetía la operación. Yo empezaba a subir la escalera en esos momentos. No era un bonito espectáculo. El serrano tenía perfil de gorila pe-

queño, zaíno, con un moñito repeinado y tres botones desabrochados para enseñar las cerdas del pecho. Vidal se descoyuntaba con sus torpes movimientos y se volvía hacia el otro con una irritación impotente. Los amigos del serrano le hacían coro. Otra gente, mejor pero menos fuerte, observaba con tristeza pero sin hacer nada. Vidal se sentó en el rellano y se echó las manos a la cara. Sollozaba sin fuerza. «Los cabrones como tú no tenían que vivir», conseguí oírle. El gorila le dio una patada floja, como se le da a un animal enfermo, que hay que echar y da asco. Vidal gritó su humillación con el mismo insulto que antes. El otro apretó los dientes y levantó su puño de labrador por encima de la cabeza apuntando directamente a la de Vidal.

Los serranos eran de temer. Corta inteligencia y grasa endurecida en los músculos. Yo estaba demasiado nervioso para pensar que el simio podía machacarme. Además, era mayor. El brazo no llegó a bajar. Se lo retuve por la muñeca, mientras Vidal nos miraba asustado. Nos dejaron espacio.

—Métete con los de tu talla, cacho mierda... —solté enronquecido.

—Te voy a pisar, mariquita, por mucho deporte que hagas.

Se soltó el brazo con facilidad y lanzó dos golpes que cortaron el aire. El primero llegó a la mandíbula y me dejó el oído zumbando. El segundo me silbó delante de la nariz. Si le dejaba seguir, yo tenía las mismas posibilidades que un saco de arena. Caímos por el último tramo de escalera y aterrizamos cerca del patio. Antes de que se levantara, le metí un codo no sé dónde y el chaparro anduvo dos metros para atrás con la boca abierta, arrugado por la mitad. Cuando se quiso dar cuenta, yo le había puesto derecho de un soplamocos que le descompuso el tupé. Sangraba como un cochino y a la vista de la sangre yo me paré un momento. Mal hecho. Se me vino encima dando coces. Me colocó una pezuña en el hígado y me dejó sentado. Fue lo último que hizo. Le cacé una pata que venía a rematarme, se la retorcí y giró en el aire como una manivela. Cayó de cabeza y el ruido tuvo muy mal aspecto.

Unos cuantos bajaron corriendo, pensando que le había matado. Vidal seguía acurrucado, mirándonos de lejos. Yo estaba asustado y lo disimulaba como podía. El serrano sólo movía una mano que parecía acalambrada. El resto, era un capacho de carne desparramada.

El director me mandó a casa quince días, no exactamente por lo que le pasó al serrano, que fue fortuito, sino por una contestación que incluso a mí me sorprendió.

—En este Instituto aspiramos a resolver los problemas de otra manera. Si Merino hubiese muerto, eso ya no tendría solución. Es la última vez que esto sucede, o ambos lamentaréis el resto de vuestros días.

—Debería haberle matado, estoy seguro.

La bofetada sonó como un aplauso. Los ojos se me llenaron de agua. El director, un hombre elegante y afable, se había puesto rojo y tenía hinchados los carrillos, como si fuera a explotar. Me fijé en ese detalle, mientras descubría por vez primera que las palabras no son inocuas. No se deja de ser niño por el hecho de ser capaz de matar. Se deja de serlo cuando uno se siente capaz de arriesgarse hasta el punto de decirlo. Ese riesgo es tan grande como el otro en el que se empeña la vida. Yo estaba seguro de que Merino debería estar muerto y, para convencerme, bastaba pensar en Vidal, hecho un guiñapo impotente en el rincón de una escalera. El serrano había matado ya. Yo sólo me limitaba a hacer justicia si lo hubiera matado entonces. Pero decirlo era darle más importancia al deseo que al acto. Las palabras eran actos irrevocables, porque expresaban deseos que no se consumían en los actos.

El director mandó una carta a mi casa que no me dejaron leer. Mi madre me dijo sólo que yo tenía malos instintos.

—¿Tú crees que yo tengo malos instintos? —le pregunté desconcertado.

—Tú lo sabes mejor que yo.

—¿Pero tú que crees?

—Eres demasiado reconcentrado para tu edad. No sé.

—¿Qué quiere decir eso?

—Lo dice tu padre, pregúntaselo a él.

—Y tú qué dices.

—Está en la tintorería, con la química, habla con él, no me preguntes. Si estudiases...

—Ya estudio.

—No.
—¡¡He dicho que ya estudio!!

Crucé la calle y entré en la tintorería. No tenía idea de lo que yo iba buscando en mi padre, entonces. No era el hijo que esperaba complicidad para mitigar la culpa. Hacía dos años, desde la cafetería de Salamanca, que yo tenía la firme intención de que desapareciera mi padre. Ignoraba si tenía que hacerlo yo, si lo haría otro, o si el tiempo o la suerte. Yo entraba en la tintorería, más bien, como un detective que precisa un dato e intuye dónde encontrarlo.

La tintorería estaba a oscuras. Atravesé el vestíbulo de tablex y miré en el pasillo a derecha e izquierda. Estuve un rato sin ver nada, hasta que los ojos empezaron a acostumbrarse. En la mesa de los pilones no distinguí a nadie. Cuando me volví al lado contrario, descubrí una delicuescencia violeta que brillaba al contraluz de la lucerna. A él no le podía ver. Me fui acercando.

Estaba sentado al lado de la caldera de cobre, frente a unos cajones que sostenían frascos, alambiques y licuadoras. El olor era denso y empalagoso. Lo que había visto era uno de esos recipientes alzado a la altura del lienzo oblicuo de la luz. Apenas podía adivinar a mi padre en la penumbra. El piso estaba encharcado. A veces la rejilla de ese lado no podía con todo el agua. No parecía importarle la humedad, ni el frío que hacía allí dentro. Faltaba poco para Navidad.

Tenía dos frascos en las manos con líquidos del mismo color. Los acercaba por separado hasta darle casi en la nariz y después los observaba juntos lo más lejos que podía, estirando los brazos. Repitió esta operación todas las veces mientras estuve allí y yo sentía que mis zapatos empezaban a filtrar el agua.

—Parecen iguales, ¿verdad?
—El qué...
—Los colores.
—Son iguales.
—Pues no lo son... de ninguna manera... ni parecidos... son casi contrarios... dentro de su tono, claro.

Arrastraba la lengua para hablar. Lo había notado al principio, pero podía haber oído mal. No quería acercarme demasiado para que no me echara el tufo del coñac.

—Acércate —no me moví—, ¿ves? Contrarios del todo...

—...

—Todas las cosas que parecen iguales, en realidad son contrarias... este fusia es un ácido rebajado... éste es agua de geranios secados al relente, por la noche... si los mezclo, ¿has visto...?, se vuelve negro... y el negro es lo contrario del color... así pasa con todo.

—¿Qué quieres hacer con todo eso? —quería escupirle mi desprecio, escogiendo la pregunta—. ¿Para qué vale?

Recogió el insulto y me miró con la boca apretada, no a la cara, sino al pecho. Se inclinó sobre los cajones como si quisiera abarcarlos con los brazos, protegiéndolos quizá de un imaginario ladrón. Miré al suelo. No llevaba zapatos. Debajo de la caldera, casi escondida, estaba la botella de «Fundador». Los frascos seguían en su mano.

—Tú qué sabrás... los colores son importantes... lo más importante... pero yo hago perfume.

—¿Perfume?

—Los perfumes se hacen con colores... son los colores lo que huele... un color perfecto es el mejor olor... si gusta el color se compra el perfume... lo voy a vender en Barcelona, al fabricante de tintes que nos vende a nosotros... a lo mejor podemos irnos a vivir allí... al mar... con dinero... ya no me preguntarás para qué vale... parecen iguales, ¿verdad?

Salí a la calle. Quería estar lejos de mi casa. Pero ningún lugar del pueblo me apetecía. Hice lo único que sabía. Empezar a dar vueltas a la muralla. Las murallas están desiertas durante el día. Por la tarde hormiguean los curas, las parejas, los matrimonios de edad y los solitarios.

Era temprano, por la mañana. Estaba acostumbrado a no encontrar nada en aquellos paseos. Cuando pasaba por delante del Seminario, miraba por las ventanas de la biblioteca. Nunca había nadie. En el centro del cuarto color caoba, estaba una bola del mundo, agrietada y amarilla. Siempre que pasaba, añoraba aquel lugar. Me lo imaginaba bastante adecuado para indagar sobre los antiguos wetones, o cualquier cosa subterránea y olvidada. Aquella mañana miré hacia dentro con amargura. Estaba harto de pasarme la vida imaginando paraísos cuya puerta nunca atravesaba y cuyo atractivo se multiplicaba por esa misma razón. Oí la esquila en el patio y los seminaristas salieron en pantalón corto a darle patadas al balón.

Eran «campuzos» con la cabeza rapada y sabañones del tamaño de media morcilla. En el pueblo los llamaban «agarbanzaos», porque era fama la escasa versatilidad de su menú. En realidad parecían hospicianos con ademanes beatos y una mirada canina indescifrable.

En otro tiempo, mi padre me había amenazado con internarme allí. No por las malas calificaciones, a las que estaba acostumbrado por la fuerza de los hechos, sino porque de vez en cuando aspiraba a una moral de cuartel o de seminario que pudiera solucionarle los problemas domésticos, tan metafísicos para él como el destino de la patria o la Teología.

Observando a aquellos infelices mi amargura se agrandó. Me veía tan fuera de mi casa como ellos, con la diferencia de que ellos volvían a la suya en alguna época. Pensé que a los pobres habría que dejarlos libres, sin casa y sin familia, para que vagabundearan por ahí y eligieran su desgracia, que era, en el fondo, la única elección.

Sentí como si mi cuerpo cambiase de temperatura. Estaba en el límite antes de que me hubiera dado cuenta. Me vino una especie de pavor que no conocía de antes. Las manos me temblaban como a un viejo. Una gota de sudor frío bajó haciendo un canalillo por la espalda, lenta y corrosiva. Desde la muralla hasta el patio del Seminario podría haber unos quince metros. No estaba seguro de que fueran suficientes. De cabeza sería distinto. Pero podía sentir miedo en el aire, darme la vuelta, evitarlo y entonces un despanzurramiento que me dejaría la vida suficiente como para recuperarla en el hospital. Les daría una fiesta a los cabeza-rapada. Algo diferente para ese día. Lo escribirían a su casa y al final de la carta dirían algo en latín, algo como «polvum erat et in polvum convertiset», un epitafio para las grandes ocasiones. A lo mejor me daba tiempo (de cabeza, lo veía difícil) de mirar al primero que llegara, a ése le bendeciría, no, mejor le absolvería, de su pobreza, de sus sabañones, de su familia, absolución de moribundo de su misma calaña, uno que entra en el seminario por el cielo, un paracaidista sagrado, «ego te absolvo, in nómine...»

Notaba que, a pesar mío, las manos empezaban a hacer fuerza sobre la piedra y a levantarme, quizá sólo un milímetro, un milímetro que yo no había recorrido, sino mis manos, como ejecutando una orden, y durante ese milímetro vi la caída, el aire que no me daba tiempo a respirar, el estómago pegándose a la espalda como un chicle, los lagrimales irritados, las muñecas sin fuerza, una postura rara como la de una pesadilla y un pasaje más denso que el aire, más duro, sin dolor y sin nada, en el que yo abría los ojos.

Girar sobre mis talones y mirar el ancho camino de la muralla, fue un acto de supervivencia. Un reflejo del cuerpo, no un pensamiento. Me encontré corriendo por la costanilla que daba al alcázar, con los brazos pegados al cuerpo como un muñeco de plomo y la náusea trepando al paladar con un regusto de hortaliza putrefacta.

Me detuve en los jardines del castillo, al mismo tiempo que se precipitaba un repentino chaparrón. Parte de mi angustia se escurrió con el agua. Los tesos de Portugal se pintaban de oscuridad. En las hojas de los álamos del puente había un agua perlada. Un rayo de sol partió la vestidura gris del cielo y cayó como un destral en medio del páramo. Que aquella luz se hiciera paso entre aquellas sombras, más luminosa por tanto, con una fuerza que iba desde el cielo a la tierra y también de la tierra al cielo, fue tan desconsolador como para que me olvidara de mi propio desconsuelo y pudiera llorar sin estar llorando por mí.

Me dejé ir por las calles y por las plazuelas hasta encontrarme delante de un café caliente, mirando por la cristalera la acera de gente con paraguas. La plaza Mayor parecía un jaspe. A las gárgolas de la casa de Quirós les goteaba la nariz a chorros de canalón: los impermeables daban un rodeo ante la barroca fachada y se iban a esconder a las callejas. Como el pavimento de la plaza se inclinaba hacia la Puerta de Poniente, los raudales bajaban con decisión de marea, pero sin la vuelta del reflujo.

No bajaría a entrenar ese día. Sabía que la lluvia y el terreno resbaladizo eran sólo disculpas. Otras veces lo había hecho con nieve y aguaceros mayores.

En realidad, en días como aquéllos disfrutaba mucho más. No me había parado a pensar en ello. Esperaba a lo más recio del temporal y, entonces, con el chubasquero y las zapatillas de tela me arrojaba al campo. Antes, atravesaba el arrabal, bordeaba el sendero de la muralla y enfilaba la cuesta del puente romano. En un día normal, era el camino más transitado. Yo no me hubiera atrevido a pasar corriendo por allí. Pero el mal tiempo borraba la cara de la gente metiéndola en su casa y, durante los cinco minutos del trayecto, yo podía sentirme el dueño absoluto de la ciudad. Una ciudad desierta que contemplaba la carrera de un insomne, a cuyo paso se alargaba el silencio. Sólo de esa manera yo conseguía imaginarme la muralla atiborrada de gente, los caminos flanqueados por una multitud que esperaba verme pasar entre clamores. Y metido en aquel sueño de gloria elemental, me resultaba demasiado fácil librar la batalla contra los elementos y avanzar entre los pepinazos del granizo y las tarascadas de la nieve.

Aparté la taza de café. Me vino la pena sombría. Mi cabeza estaba llena de sueños pobretones y triunfos ingenuos. La vida era lo que contaba. Aquella tristeza, aquella... Algo repiqueteaba sobre mi cabeza. Torcí el cuello y me encontré con la cara de Vidal al otro lado de la cristalera del café. Iba con una chavala. Me quedé un poco rígido, porque Vidal no era mi amigo, sólo un conocido del Instituto, como tantos, y del que sospechaba venía a agradecerme la gesta del otro día. Si Vidal empezaba por aquello de «no sé como darte las gracias, bla, bla, bla...», cogía el chaquetón y me esfumaba. El local empezaba a estar caliente. El humo circulaba por las alturas, como un cielo de proporciones domésticas. No había barullo, sólo el rumor de gente aferrada a su bebida caliente. Quería que Vidal fuera igual de confortable, ni más ni menos. Nada de palabrería, nada de ternezas, ninguna debilidad.

Llegaron de costado, por entre las mesas, evitando los respaldos de puntillas y sin dejar de mirarme. Se sentaron alrededor de la pequeña mesa y pidieron café con leche. No: ella pidió descafeinado.

—Te presento a Teresa. Es de nuestro curso, pero está en otro grupo.

—La conozco de vista. Yo...
—Vidal me ha hablado de ti. No hacía falta, porque te conoce todo el mundo. No es por halagarte: es la pura verdad.

Teresa parecía estar a sus anchas. No era bella, era una mujer atractiva, cuyos atractivos le iban llegando a uno como un perfume, en oleadas, con ausencias espesas que lo hacen más deseable. Miraba como alguien que atiende a cualquier cosa para desperezar la risa. Y cuando reía, sus pequeños dientes iluminaban la boca perfilada en un gesto de provocación.

Vidal me había estado observando fijamente. De cerca, su cara dejaba de ser pálida para convertirse en transparente. Los ojos tenían la misma cualidad. Hablaba con una voz que parecía recién estrenada y, al mismo tiempo, muy escogida. En el fondo había un remate sordo, algo cascado que se presentía.

Vidal me estaba impresionando. Nunca había encontrado a nadie que fuera tan distinto de cerca como lo era de lejos. Ahora no parecía encorvado ni enclenque, y mucho menos que fuera changleteando por ahí porque le resultara imposible encontrar los cordones de sus propios zapatos.

—A veces te había observado, a ver qué tenías, porque algo hay que tener para echarse al campo, largarse por ahí, volver y hacer lo mismo al día siguiente. Salir de un pueblo como éste y ganar, además. Aunque lo más importante es que lo hagas solo. Hay que querer mucho a la gente para condenarse a esa soledad.

—No tiene por qué saber que lo hace solo —terció Teresa entremetiéndose en la última frase de Vidal, mirándome de una forma concentrada que me gustó.

—Sí, lo sé.

—Te había observado, y creía que teníamos algo en común. Tú también sabes esconderte. Podías estar y no estar, la cosa del miedo atragantado. En cambio, el otro día, el valor, esa clase de valor, que no podía sospecharse, como si despertara el león en la piel de un gamo.

—Yo no soy valiente.

—Se trata sólo de un héroe, no te hagas ilusiones —y rompió a reír en silencio, sin dejar de mirarme, mientras encendía un cigarro.

—¿Un héroe?

Yo sabía lo que quería decir, pero Vidal le hizo un gesto de interrogación. Teresa echó el humo por encima de su cabeza y se puso profesoral.

—Un valiente es el individuo que entretiene el tiempo de la sala de espera de un dentista chupando un pirulí, mirando por la ventana o rascándose la tripa de aburrimiento, y cuando el dentista le hace daño, grita, aunque le oigan en la acera de enfrente, pero lo que piensa en realidad es que no va a merendar un jamón. El héroe odia al que está chupando el pirulí, tiene las manos entrelazadas y no se apoya en el respaldo del sillón, y prefiere aguantarse si le entran ganas de orinar. Aunque el dentista le meta el gancho por un ojo, no dirá esta boca es mía, atento a que no le escuchen los de la sala de espera. Cuando llega a su casa, se desmaya.

Salimos a la plaza. Nos llegó la humedad de los castaños de la catedral, reverberada por un sol reciente que había roto el cerco negro de la tormenta. El musgo de las viejas fachadas mostraba un verde despejado por la lluvia y lustrado por el sol. Se veían grupos de personas en el empedrado y saliendo de los portales.

Era la primera vez que salía con una mujer de una cafetería. Me sentía fuerte y seguro de mí mismo. Estaba feliz, pero de una forma brusca, externa, lo que quería decir que no había tanta seguridad ni fortaleza.

Con Vidal había que andar muy lento, por temor de que se le escurrieran los zapatos. El aprovechaba para pensar y seguir hablando. En el Instituto era cáustico y taciturno, pero a sus amigos les abrumaba con monólogos que querían compensar sus silencios. Tenía una forma de hablar de sí mismo y de callar con los otros que no eran naturales. Cuando hablaba, parecía querer guardar algún secreto. Cuando estaba callado, se le suponían cosas que no decía.

Apenas le escuchaba. También Teresa pensaba en otra cosa. Con la luz del día comprobé que su piel era tan clara como la de Vidal, pero más sonrosada. Caminaba con pasos largos, aupándose y deteniéndose durante una centésima de segundo sobre sus puntillas, y una caída de gata, elástica como todo su cuerpo. Llevaba un vestido de una pieza, hasta las rodillas, con un pequeño cinturón que se descubría a través de su chaquetón de piel vuelta, desabrochado. Una cadena de plata adornaba el cuello del vestido.

Vidal había contado algo sobre los agustinos. Dábamos la vuelta por el viejo Hospital y nos acercábamos al chaflán de la casa de Correos, por callejuelas donde los aleros de las casas casi se tocaban en lo alto, con su depósito de golondrinas y tabiques horadados.

—Se puede aprender a jugar mirando por una ventana. Pero no sólo aprender. Se puede jugar.

Puso cara de misterio. Se paró en la fachada de Correos, apoyado en la columna que partía en dos la entrada, como un ajimez, y siguió hablando.

—Yo jugaba así en los agustinos, calculaba con el juego de los otros, hasta que me di cuenta de que realmente jugaba porque hacían las cosas que yo pensaba.

—¿No te dejaban bajar a jugar?

—Estaba enfermo, una de esas cosas crónicas que vienen todos los inviernos. Estuve cinco años de esa forma. Bajaba en primavera, siempre que hubiera muchas amapolas, como decía el prefecto, que era como decir que si hacía buen tiempo. Yo prefería la ventana. Ellos me obligaban. Decidí que si desaparecían los cordones de mis zapatos, justo antes de salir al patio, no me obligarían a correr. Dio resultado. Lo que pasa es que le fui cogiendo un miedo grande a los del patio y ya no me conformaba con hacer desaparecer los cordones a la hora del recreo y, por miedo a no sé qué, conseguí que me admitieran en las clases sin cordones. Cuando vine al Instituto, la manía se había quedado fija y, como estaba exento de gimnasia, fue todo más fácil. Ya sólo es manía, de verdad.

Teresa le miraba con ojos tranquilos. Puede que hubiera escuchado demasiadas veces esa historia. Se había metido en el portal, de espaldas a Vidal. La luz de una cristalera le volvía la cara de colores marinos. Me pregunté qué hacía con Vidal. ¿Se querrían?

—Además, ya tenía mi manera de entrar en el juego. Como uno aprende a jugar es como uno vive luego. Por ejemplo, un hombre va a pasar en bicicleta dentro de poco. Lleva boina y faltriquera.

Miré extrañado la esquina de la bocacalle. Al cabo

de unos segundos, un hombre de cincuenta y tantos años, con un «ideales» en la boca, boina y faltriquera, se deslizó por el empedrado en su bicicleta.

—No te asustes —dijo Teresa desde el fondo oscuro del portal—, es el molinero de la pesquera. Desde que éste descubrió que tiene más método que un rosario, no deja de hacer exhibiciones con el pobre viejo.

—No te entiendo —respondí a Vidal.

—Bah, es lo mismo. Ahora que lo pienso, tengo que irme a comer.

Vidal estaba internado en la Residencia del Instituto. Sus padres eran los farmacéuticos de un pueblo de la Peña de Francia. Había vivido en régimen de internado desde los diez años y aprendido un juego que yo no comprendía. Tuve la impresión de que sus padres habían querido deshacerse de él.

Teresa y yo seguimos el mismo camino. Debía ser bastante tarde. Yo sabía lo que me esperaba en casa, si llegaba cuando me temía que iba a llegar. Una vez mi padre me cerró la puerta y tuve que esperar sentado en el umbral de la carpintería de enfrente a que terminara de comer. Desde allí se oían, como susurros, los ruegos de mi madre.

Teresa parecía muy tranquila. Iba despacio, mirando adelante. Supuse que ella no corría el peligro de que le cerraran la puerta, luego no vivía en el arrabal.

Se detuvo en un escaparate.

—Mira, ya hay huevos de Pascua.

—Sí...

—Qué pronto, este año.

—...

—Me gustan por la sorpresa, aunque sea ridícula. ¿Y a ti?

—¿A mí? Bueno, a mí por... por la forma.

—¿Te gustan los huevos de chocolate porque tienen forma de huevos? Ya es ser original...

Se echó a reír y la pastelera, desde dentro, nos miró por encima de las gafas. Yo me puse rojo como un tomate; no, como un pimiento morrón. Se me juntó todo. Me daba vergüenza mi ignorancia (qué era eso de huevos de Pascua); me daba vergüenza mi miedo de bajar a casa; me daba vergüenza sentir toda esa vergüenza delante de Teresa, aunque ella no supiera qué estaba pasando. En el alcázar, me había prometido no volver a llorar.

Llegamos frente a un viejo palacio, cerca de la plaza del Buen Alcalde. En la fachada de piedra había un arco con varios bordes y un escudo central. En el patio se oía el gorgoteo de la fuente. Al llegar, Teresa se dio la vuelta dejando la casa a su espalda. El zaguán estaba muy oscuro, en contraste con los ficus y los geranios del patio, en los que caía una luz blanca y concentrada. Más allá vi una escalera de piedra, con un animal raro en el pasamanos. Había sillones de mimbre con cojines en los ángulos del zócalo. No conseguí descubrir qué sujetaban las cuatro columnas amarillentas que daban la vuelta al patio.

Teresa me había estado mirando, mientras observaba el interior. Cuando me encontré con sus ojos, supe que había estado esperando para decirme algo. Intentó sonreír, pero se le quedó una mueca de tristeza y dejó de intentarlo.

—¿Sabes una cosa? Tú me has gustado, hace tiempo. Hace dos años era capaz de seguirte por la calle. No tiene nada que ver con las carreras. Era a la salida de la catedral. Yo entraba en el casino por una puerta, y salía por la otra sólo para ver si te encontraba. Ahora ya es distinto.

—¿Cómo de distinto?

—Distinto, simplemente. Ya no te quiero.

—¿Me has querido?

—Y no sabes cómo.

Desapareció.

CRISIS IX

A finales de enero ya podía moverme por la casa. Habían pasado casi dos meses y mi cuerpo parecía una calcomanía del que era. Lo peor estaba en aquella especie de temblor interno que no se apaciguaba con nada. Era como una prevención de algo que luego no sucedía. Podía ser sólo la incredulidad de verme de pie, cuando había tenido la certidumbre, en aquellas fiebres bárbaras, de que no me volvería a levantar. El caso es que mi cuerpo se tragaba el miedo de que pasara algo malo, por ejemplo una recaída, y temblaba por dentro sin misericordia.

Me sentía espantosamente cansado. Recorría el pasillo, desde la cocina a la sala, y allí caía derrengado, mirando los barnizados paisajes de los cuadros que daban vueltas de torbellino en mi cabeza.

A mi habitación sólo entraba para dormir la siesta o para dormir del todo. Si me hubieran dejado dormir en el tresillo de skay granate de la sala, quizá lo habría hecho. Acabé tomándole repugnancia a las cosas de mi cuarto. Sobre todo a los libros que me fue prestando Rosa y que se amontonaron en mi mesilla, sin que consiguiera abrir ninguno. Acaso fueran los culpables absolutos de que mi cuarto me resultara incómodo. No quedaba nada de aquellas imaginaciones de enfermo crónico que se rehabilita por el intelecto. Nada de aquella fantástica pretensión de aprender los detalles que aparecen en el itinerario de la vida cotidiana. Un solomillo o un filete empanado eran dos cosas que se comían; un clavel, una rosa, otras dos que se olían. Estaba decidido.

Pensaba en Vidal y sabía que yo no jugaría mirando. El vivir, el juego mío, era de otro modo. Quizá no fuera vida, pero eso se dice de todas. Lo importante era salir de aquel pasillo para entrar en aquella sala, salir de aquella sala para entrar en aquella cocina, hasta salir a la calle y a los parques. Y por eso subía y bajaba, andando, sabiendo que en algún momento se acabaría la andadura y empezaría otra cosa. Que lo importante es lo que viene detrás, y que no era bueno para mí estar parado mientras siguieran andando los cronómetros.

Tanto ir para arriba y para abajo, ya no sabía lo que me decía. Josefa se cruzaba conmigo cargada de sábanas, o de ropa de los huéspedes.
—Chiquillo, descanse usted, que se le está poniendo mirada de letanía, tanto peregrinaje.

Y lanzaba una risotada en forma de chillido, que recordaba la sirena de las ambulancias, o tal vez la de los bomberos. Yo seguía mi trayecto, discurriendo sobre el humor de Josefa y sintiéndome un poco ridículo con mis pensares cenizos. Su forma de reír, era su forma de entenderlo a uno. Aquel sistema yo no lo comprendería jamás.

Volví a encontrarla en la cocina, escogiendo lentejas. Cuando estaba ocupada en algo, a Josefa se le desplomaba la cara y daba un gesto de tristeza impensada. Yo la conocía, pese a sus alegrías.
—Echeme una mano. ¿No habré de verle sentado? Con el dedo meñique, deje en paz la cuchara. ¿En su pueblo no escogían las lentejas?
—En mi pueblo crecía todo en tarros, señora.

Josefa enchufó la sirena otra vez. Casi se cae de la silla.

Pasaron unos minutos de ese silencio cansino que sigue a la risa. Las lentejas eran eternas, pese a haber tenido principio, y me entontecían un poco. No había transcurrido todavía una semana desde que me levantara. Tenía el cuerpo de alguien que está cayendo en paracaídas, y la cabeza de uno que mira las tres pistas del circo a la vez.

—No te lo tomes tan a pecho, que te puede dar una vocación.

—No me vendría mal una vocación, aunque fuera ésta.

—¿Y lo de las carreras, qué es?

—Un mal oficio.

—Porque está mal pagado.

—No. Porque es un mal oficio.

Me sentó bien el tuteo de Josefa. Me hacía sentirme menos agradecido, como si la amistad se hubiera sobrepuesto al agradecimiento. Incluso a Pepito, el ejecutivo enjoyado del cuarto con balcón que llevaba diez años en la casa, le trataba de usted. Y eso que el tal Pepito se almorzaba con la familia y no con el hospedaje.

—Oficio bueno, el de Pepito, que no se sabe cuál es —dijo Josefa, como si hubiera enlazado con mi pensamiento.

—Parece un gitano vestido de feria.

—Y lleva diez años aquí, fue el primero que vino a la pensión. Siempre igual de pulido, la cara más brillante que las sortijas. Nunca le he visto un pelo en la cara; para mí, que nació con la cosmética hecha. Hijo, es que te devuelve las sábanas planchadas para que se las laves.

—¿Tiene dinero?

—Por lo menos, lo gasta.

—¿Y por qué no alquila una casa o se marcha a un hotel?

—Churumbel, qué poco amor le tienes a mi negocio.

Se rió más suave que las otras veces y, sin levantar los ojos de las lentejas, dijo con naturalidad:

—Le tiene cariño a Rosa, demasiado, diría yo.

Me subió un poco de calor a la cara. Tenía ganas de hablar de Rosa, y también vergüenza. No dije nada.

—¿Te quedas pensando?

—Un poco.

—Pues di qué piensas.

—Que cómo se enteró usted.

—Anda, pues porque no le duelen prendas el decirlo. Todas las noches se me queda al fregoteo. Se saca un purito, de ésos de medio labio, de señorita mayor, y se sienta a la camilla. Me cuenta las noticias que ha leído en los periódicos y luego, al final, muy respetuoso, mientras seco los cacharros, cuenta que recuerda cuando Rosa tenía catorce años y jugaban al dominó todas las noches. Sólo dice eso, que le entran añoranzas de cuando jugaban juntos al dominó. Siempre lo mismo. Yo le digo: «Ahora es mayor, y se ha echado otras aficiones.» Y él responde, siempre, como en las novenas: «Tiene usted razón, es verdad eso.» Se me pone más mustio que un geranio insultado, y le mando a la cama antes de que me ponga a mí.

—Qué tipo... ¿y a ella no le dice nada?

—Supongo que algún día dará la espantada, pero, de momento, no.

Dejó las lentejas y me miró un segundo. Después siguió. Los ojos aguados de Josefa me quedaron tintineando en las mientes. Algo había querido preguntar. Yo sabía qué.

—El Pepito se ha fijado en ti. Las visitas de Rosa las tiene grabadas. Es que habéis hablado mucho en estas semanas.

Cuando uno coge una «pájara» se le desvía el pensamiento. Igual, cuando a uno le meten el pie en un hoyo del corazón. Se le desvía lo fundamental y se va a las nubes. Yo me fijé en la bombilla desnuda que nos alumbraba, y en que la única luz que entraba, hacía como un charco en el fregadero. Lo demás era amarillo, como la bombilla y el resplandor enfermo que se escurría por la pared.

—Pero no es para que él se enzarce. Visitar a los enfermos es una obra de misericordia.

—Lo difícil es convencerle, creo yo.

—Un caballero tan planchado tiene que saber que yo no soy para Rosa.

—¿Y eso, cómo se sabe?

—Se sabe, Josefa, con que uno tenga talento para mirarse en el espejo y diga: «Este soy yo.»

—Mi alma, mucho talento es ése. Bueno, déjalo, yo estoy contenta con que te hayas puesto bueno y de que Rosa ayudara. Además, la vida no se entiende poniéndose a hablar. Yo, a mi marido le oía todos los días y, al final, vi que no le había entendido nada. ¿Tú sabes lo que es eso?

Las lentejas se estaban acabando. Quedaba sobre el hule un puñadito sin escoger. Josefa las empujaba con el dedo, de una en una, como haciendo tiempo, repensando lo que estaba por decir.

—No se sabe hablando, ni viendo, ni oyendo. Se sabe, no se sabe cómo. A ver cómo iba yo a intuirlo. Ni bruja que fuera, ni bruja, te digo la verdad. En fin, no te quiero dar la lata.

—Más lata la he dado yo, y sin querer. Así que, aunque usted quiera, puede darla.

—No. Es que te iba a contar cosas...

—A uno que ha sido moribundo se puede. Dicen que en la agonía todo lo que se cuenta es verdad. Y si se puede decir, también se podrá escuchar.

Josefa se rió en silencio. Tenía un mirar destartalado.

—Inventas tú razones raras, hay que ver.

—Es que estudio poco.

Jugueteó un poco con la última lenteja, a la que iba llevando por los cuadros azules y blancos del mantel. Yo también la seguía con la vista, mientras escuchaba a Josefa como si estuviera hablando desde lejos, a través de un teléfono o de una cinta grabada.

—Jaén es como un pueblo, pero sin serlo. A mí me gustaba, porque los valles del Guadalquivir tienen un olor que es como una casa limpia. Y las iglesias olían al ramaje del olivo, sobre todo San Ildefonso, que era donde Serafín y yo escuchábamos misa. Teníamos una casa en la estribación de un otero, blanca, cargada de pomelos. Chiquillo, lo que a mí me gustaba aquello, lo que a mí me gustaba ver la catedral y las dos torres con campanario, como en las postales. Y, debajo, los tejados, que parecía que por las mañanas alguien les pasaba una balleta. Y a Serafín por qué no le había de gustar aquello, aunque le hubieran criado en Galicia. También Jaén tenía mucho campo. No sé. El era guardia civil, pero chófer, de los que llevan el plato de la boina color carmín, y además se encargaba de las radios del cuartel y del telégrafo. ¿Se dice así, no? Le entusiasmaban los aparatos. Estudiaba en unos cuadernos que le mandaban de Barcelona, con las pastas marrones. Al principio, le regalaron herramientas por haberse matriculado en aquel curso. Tenía un chamizo en el patio de la casa, donde guardaba todo lo de los estudios. A veces, arreglaba radios de los vecinos. Cuando le jubilaron, que fue pronto, arregló el chamizo y puso en orden aquel desbarajuste, y yo pensé que entonces podría dedicarse a lo suyo y no tener que salir por las mañanas a llevar a Martos o a Linares porque volvía muy disgustado.

Ahí Josefa se quedó un poco ida. Su perfil se sobrepuso al charco de luz que entraba en la cocina. Parecía un retrato antiguo, porque tenía el amarillo viejo de la bombilla y el blanco y negro de la cocina con alguna luz.

—No siempre había sido así, claro. Quiero decir, que no siempre había vuelto disgustado. Más bien le gustaba el paseo por esas serranías. Pero ahora decía que le faltaba tiempo, que lo que quería de verdad era aprender electrónica. Entonces, cuando se jubiló, yo me quedé tranquila. Me dije: «Ahora podrá hacer lo que quiere.» Salía por las mañanas con la perra, en bicicleta, a pescar o a cazar, aunque no se le daba muy bien. Por la tarde no se movía del chamizo, venga a estudiar aquellos sortilegios. Al acabar el día, si hacía bueno, cenábamos en el patio (de lo que más recuerdo es el olor de los pomelos), y tenía una forma de echarse en la mecedora que era como decirnos a todos su satisfacción. En una mano, el chato de vino, y con la otra rascando el lomo de la perrita, que se volvía tonta cuando él la ponía una mano encima. Se la había encontrado en la carretera de Martos, abandonada, durante un servicio, y se la quedó. Le puso el nombre de «Soledad», y yo le dije que a una perra no puede ponérsele el nombre de una persona. El me contestó: «Es más que el nombre de una persona, Pepa.» Le gustaba decir cosas misteriosas y yo me había acostumbrado (y ahora pienso que de la costumbre no se aprende nada) a no darles importancia. Todos tenemos rarezas para los demás. Como nosotros no somos los demás, los demás son siempre raros para nosotros y nosotros para ellos.

Josefa se quedó perpleja. Las filosofías, aunque las dijera ella, no las entendía muy bien. Mejor dicho, sí las entendía, pero no con palabras. Quizá por eso estaba perpleja.

—Bueno, total, que a la perra la acabamos llamando «Sole», porque de todas maneras «Soledad» era muy largo. Así pasó un año entero. Había una paga bastante buena de retirado, Rosa iba al Instituto y Serafín silbaba como un caramillo. Llevábamos una vida ordenada, mucho; le gustaba la puntualidad en minutos, y la corrección en la mesa, y la pulcritud, y yo creo que hablaba tan poco, casi no hablaba, ahora que lo pienso, porque las palabras no fueran a desordenarle algo, a ensuciarle lo que había barrido por la mañana. Esto que te digo, será un poco así, ¿no?

—Yo lo entiendo, si te preocupa.

—En fin, había cosas. Por ejemplo, nunca hablaba de Galicia. Estuvo en un orfanato, eso es lo único que sabía. Eso, y la otra cosa que siempre contaba, que robaba fruta y la escondía en una cesta, y que para entrar en el orfanato hacía como que la tiraba al aire y la volvía a coger, disimulando lo que tenía dentro, porque allí no les dejaban meter comida.

Se pasó la mano por el pelo como si fuera a hacer una coleta. La mano sarmentosa me hizo pensar en un patio seco.

—Sólo eso, nada más. Qué te parece. Luego resulta que ésas son las cosas que importan cuando una hace el balance, las cosas que pueden explicar algo, aunque haya que llegar al fondo del regato. Yo creo que el cariño de dos personas no puede ser como una casa demasiado grande donde hay puertas que siempre están cerradas. Yo creo que no, que la costumbre es engañosa. Llega el día fatal y la costumbre es muda. Chiquillo, más cerril que un muro, más muda. Te digo lo que pasó, antes de que me haga un lío. Un día Serafín volvió con «Sole» acostada en la bicicleta y sujeta con unas cuerdas. La había pillado un coche y la traía a casa para rematarla. Allí, en el patio, la pegó un tiro con la pistola de reglamento y la enterró debajo de los pomelos. A Rosa y a mí, nos dio mucha pena, porque la perrita era lisonjera y tenía una fidelidad que sólo tienen los incluseros. Pero Serafín no dijo nada. Pasó un mes y yo creía que Serafín había olvidado a «Sole». A lo mejor, la había olvidado, no sé. Una noche que estaba en la mecedora con su chato de vino, le dio por decir que no tenía tiempo para acabar lo de la electrónica, que había perdido mucho, antes. Yo le contesté que no era viejo para hablar así, y que tenía todo el tiempo que quisiera. Entonces, fíjate, le veo como te estoy viendo ahora a ti, me miró de una forma, la única vez, pero me malmiró. A veces me acuerdo de eso por las noches y no puedo dormir. Si me hubiera pegado, lo habría olvidado antes. Tuvo una semana mala, después. Ni Rosa ni yo le conocíamos. Tampoco salía por las mañanas, y eso que el campo en otoño se pone más bonito, empiezan a despegarse los olores y se baña uno en el fresquillo, el primer viento, que las viejas cuentan que viene de Londres.

La mano de Josefa se había crispado al lado de la sien, y la cabeza le caía a un lado, como si quisiera mirar por una rendija que no estaba.
—Ya sólo decía, a la hora de comer, a todas horas, «ya no tengo tiempo, no». Y era verdad que ya no le quedaba tiempo. El se quitó todo el tiempo, todo el que tenía. Se lo quitó porque ya no lo quería. Rosa y yo nunca hablamos de eso. Pero una vez lo hicimos, y a las dos nos extrañó no haber escuchado el tiro. Lo vimos cadáver nada más, muy temprano, acostado en la mecedora, con esa cosa que tienen los muertos, que son todos iguales porque ya no les interesa nada. Yo sabía que era Serafín aquel cuerpo y por eso lloré. Pero Rosa fue distinto, Rosa lo miraba fijamente todo el rato y, cuando le vestimos, yo me derrumbé. Ella no me dijo nada y le siguió vistiendo sola, sin ninguna emoción.

Me extrañó que Josefa no hubiera contado esos detalles que están siempre en los fallecimientos. El santo del día, lo que se hizo el día anterior, lo que se esperaba hacer, las últimas palabras. Era porque Josefa luchaba con sus pensamientos, como si cada uno fuera un retorcimiento. El dolor se elevaba por encima de las cosas y se quedaba en una región permanente, en la que no había tiempo ni lugar; había, eso sí, una herida fija, una herida de la que no manaban recuerdos, sino el presente temible. De ese presente hablaba Josefa conmigo. Lo demás, los hechos, si habían importado alguna vez, ya no importaban.

—Tampoco hubo esas caras que pasan por los velatorios, que te miran como entendiéndolo todo, como si entendieran a la muerte y que, a lo mejor, me hubieran consolado de mi ignorancia, porque yo no sabía nada, ni podía explicarme nada, y pensaba en Dios, que lo sabe todo y le aborrecía. No hubo nadie y tampoco en el entierro, que lo enterraron aparte por malmatarse.

Sonó el chirrido de la puerta de la calle. Se quedó mirando un instante al pasillo y luego contestó al saludo del que llegaba.

—Hola, hija.

Josefa siguió exactamente hasta que oyó el portazo de la habitación de Rosa.

—Todo tan deprisa, en tan poco tiempo. Alguien que se te va de la mano sin decir una palabra, sin escribir una línea. Entonces se te forma la idea de que no eres tú, de que te han puesto en la vida de otro, como en los sueños. De pequeña, soñaba que me peinaba y que se me quedaban las trenzas en el peine. En el mismo sueño yo sabía que estaba soñando, sabía que aquello no podía ocurrir. (Ahora sé que lo que sabía era que no podía ocurrirme a mí.) Cuando me despertaba, me ponía a pensar y me preguntaba por qué no podía ocurrir: a mucha gente se le cae el pelo, y a nosotras las mujeres también. Entonces me entraba el miedo de verdad, el miedo de quedarme pelona. Además, de la realidad no se despierta nunca, al revés que en los sueños. Por eso yo me puse a soñar que le pasaba a otra y así pude seguir viviendo.

—¿Y cuando despertaste...?

—Tú entiendes las cosas, chiquillo, por eso me gusta hablar contigo. Pues cuando me desperté, pensé que había tenido una pesadilla y que yo estaba en la pesadilla, pero que en la vida real ya no me pasaba a mí, que me podría pasar, pero que ya no me pasaba. Sé que me entiendes tú.

Hizo como un gran esfuerzo para levantarse de la mesa y, mientras andaba hacia el cuarto de los cacharros, decía:

—Ahora voy a poner las lentejas en agua, porque yo

quiero que las comáis y no que soñéis que las habéis comido.
Y le dio una risa de aquéllas, más amortiguada, más corta.

Yo me puse a andar de nuevo aquel pasillo-peregrinación, que me llevaba y me devolvía a los mismos sitios. Caí en la cuenta de que me había olvidado del temblor mientras escuchaba a Josefa. Pensé que lo peor no era aquel temblor, ni el asesino cansancio, sino otras cosas, quizá las que a uno le hacían temblar y cansarse.

Pasé por delante del salón, con el tresillo de skay y los cuadros espeluznantes, y me encontré delante de la habitación de Rosa. La puerta estaba entreabierta. Las cerraduras de aquella casa, como las de todas las pensiones, tenían el mal congénito de no abrirse o cerrarse cuando debían.

Estuve observando el rayo de luz que se filtraba por la abertura como si fuera a desvelarse un misterio. Un poco hipnotizado por la luz, la de mi cuarto era un sucedáneo de mala calidad, empujé la puerta en silencio y me quedé mirando. Rosa tardó un par de segundos en darse cuenta. Cuando se volvió tenía algo entre las manos.
—¿Se puede?
—Por lo que se ve, sí —dijo sin enfadarse.
La voz de Rosa era de una firmeza antagónica con su cuerpo y con su cara. Desde la coronilla a la punta de los pies era un ser armónico que se deslizaba con la puntualidad de un felino. Su cara tenía la palidez y la cadencia de la de esas damas de los cuadros que se miran en el reflejo de una alberca. Todo en ella era extraño para mí, como si aquel lugar fuera irreal o ella lo fuera en él.
—Me quedé mirando la luz...
Tuve la repentina impresión de que tenía que marcharme. Di media vuelta.
—Hoy tienes mejor cara. Casi pareces una reineta. ¿Te gusta?
Me había mostrado la fotografía que tenía cuando entré. Lo llamó una «fotografía artística». Rosa durante un

movimiento de danza, con una túnica corta, ajustada a la cintura, libres las piernas y los brazos, una expresión de otro mundo.

Se la devolví sin decir nada. Se puso a colocar algunos libros en una cartera de piel.

Fui hacia el ventanal. El sol me dio en la cara y tuve que cerrar los ojos. Rosa estaba allí también, enredando con los papeles, muy cerca. Nos rozamos, sin querer. Durante dos meses la había visto en la silla o en el extremo de la cama, muy lejos. Seguía con los ojos cerrados y me parecía ver otra Rosa, una que me daba miedo al rozarla. Demasiado hermosa, pero también demasiado cercana. Me había acostumbrado a que estuviera a una cómoda distancia, a no moverme mientras ella se sentaba o colocaba los libros que me traía, a mirarla con ojos abotargados y mansos de lechón enfermo. Ahora todo había cambiado, porque yo podía moverme y mirarla de muchas maneras. Yo podía abrazarla o impedir que se fuera.

Como empezaba a pensar tonterías, abrí los ojos. Rosa estaba detrás de mí, encendiendo un cigarrillo. Se había puesto cómoda sobre la cama, apoyándose en unos cojines de seda azul (o eso me parecieron) y descalza. El hecho de que se hubiera descalzado, me molestó un poco. Seguramente no se descalzaba con tanta indiferencia ante sus amigos de la Universidad.

—Ahora te toca a ti hacer las visitas, ¿no te parece?

Lo dijo sonriente, a punto de echarse a reír.

—Supongo que sí. Aunque tú no serás tan puntual como lo era yo.

Esta vez enseñó los dientes al reírse. Yo siempre tuve envidia de los dientes perfectos, en contraste con los míos que eran una porquería. Las dentaduras armónicas y de pulidos marfiles siempre me parecieron un signo de superioridad racial.

—¿Y qué harás cuando te recuperes del todo? ¿Seguirás corriendo?

Lo lanzó con un aire de indolencia, mientras miraba una voluta de humo, que acabó por irritarme de verdad. No había nada ofensivo en su tono ni en sus gestos, pero tampoco había nada de lo contrario, y supongo que era eso lo que me irritaba.

—Hasta que me destripe del todo, en efecto.

Yo mismo me quedé asustado de la manera en que sonó mi respuesta. Con Rosa siempre me pasaba algo parecido. Ella hacía preguntas normales y yo contestaba escupiendo sangre. Empezaba a darme cuenta de la importancia de Rosa por la forma en que le respondía.

Nos quedamos así.

Yo, además, me quedé sin pensamiento, extravagando por la habitación, mirando sin ver antiguos carteles de películas americanas colgados de la pared («Return Go Home», «The Queen's Africa», «Double Indemnity»), fotografías de estatuas griegas clavadas con una chincheta, una estantería lateral con libros encajados horizontalmente encima de la hilera de libros, una mesa con revistas y una máquina de escribir, un mueble claro con un tocadiscos y dos bafles en el suelo, una muñeca con cara de porcelana y vestida de bordados sentada en una silla, cojines de colores brillantes, una alfombra con dibujos de hongo verdes, negros y amarillos, un palanganero antiguo, con un espejo ovalado, lápices de colores y tarros de óleo y lienzos por todas partes, un caballete y trapos manchados de pintura.

—Quería decir que sí, aunque voy a llegar como un muñeco de plomo..., no puedo hacer otra cosa.

—¿Por qué no? ¿Por qué no puedes hacer otra cosa?

Ahora sí me miraba con intensidad. A través quizá de su microscopio para bichos no identificados. Por alguna razón, nunca esperaba nada bueno de Rosa. Todo lo que hacía, me veía en la obligación de interpretarlo. Nada que viniera de ella, podía ser lo que parecía. En realidad, yo me ponía en el lugar de ella y me veía a mí. No me gustaba, yo.

—Porque es demasiado tarde, me parece.

Era sólo una respuesta cualquiera, dicha al sin querer. Hizo falta que tiempo después, hurgando en aquel recuerdo, mezclara mi respuesta con la historia que Josefa me había contado. La historia del guardia civil al que no le quedaba tiempo. Rosa giró bruscamente hacia la ventana, murmurando, como si recitara de un libro aprendido de memoria:

—Vete, vete ahora, por favor.

El golpe me dejó a la intemperie. Otra vez la cosa de por dentro, el temblor. Más que temblor, un tren de mercancías del estómago a la tráquea y viajes por el estilo. Tenía miedo de que se me derrumbaran las entrañas y me puse un dedo en el pecho como si con ello sujetara algo. Avancé un paso hacia Rosa, después miré el pie que había avanzado, luego me di la vuelta y salí al pasillo.

Ya fuera, la mano se quedó un poco en el picaporte, esperando recuperar el resuello y poder llegar a mi habitación. No pensaba en las palabras de Rosa, sino en que el suelo me fallara bajo los pies. Me sentía obcecado y egoísta, ¿conseguiría atravesar el pasillo sin echar a perder algún órgano fundamental del cuerpo? ¿Era aquello una recaída o un simple disgusto? Tampoco era un disgusto, era melancolía del cuerpo que anda por un pasillo solo. El cuerpo se malea, se enturbia, cuando alguien lo echa de su lado. No podía ponerme enfermo otra vez, porque Rosa ya no iba a querer estar allí, al pie de la cama, como cuando no sabía quién era yo. Debajo de la bata sentí un chorro de humedad deslizarse por la camisa del pijama. Luego sentí que un cinturón helado me apretaba el estómago. Las manos estaban pálidas, casi amarillas. Todo mi cuerpo me daba miedo. Nada le impedía descomponerse allí mismo, porque estaba sin ánimo, sin vértigo, sin espíritu. Era un cuerpo ajeno y la maravilla estaba en que yo me encontraba dentro de él. ¿O no era yo? No era yo, no, sí.

Alguien salía del cuarto de enfrente. Primero vi los zapatos rutilantes y la tela afanosamente planchada del pantalón. La cara, la corbata y las sortijas eran de Pepito.

—¿Te pones malo? —dijo con sorna.

Desabrochó la americana y buscó algo en el bolsillo minúsculo del chaleco. Se encendió un pitillo de solterón con un mechero dorado. Mientras echaba la primera nube de humo, se apoyó en la puerta y se dispuso a contemplarme.

Desde mi decrepitud, le vi muy alto y henchido de musculatura. No me convenía que se abalanzase sobre mí. El rostro de Pepito tenía en los carrillos la huella de la viruela y los ojos escondidos en dos cuencas feroces. Siempre me había parecido un gitano, un chulo de feria, o un chulo a secas.

En uno de los bolsillitos tendría también un pistolete nacarado y un contraste de plata en el tambor. Nunca había mirado a Pepito como entonces, como un hombre capaz de matar y en el que la obsesión por el brillo era la obsesión por borrar la mancha de la sangre.

—Medio muerto que estabas y hay que ver cómo te paseas ya por la casa, entras y sales, sales y entras...

En boca de Pepito, las eses silbaban. Yo sabía que en las batallas, cuando se oye silbar un obús, es que va a caer cerca. No quería abrir la boca: podía salir el temblor enredado con las palabras y pensar el gitano que era miedo de él. Sería tanto como si me hubiera pegado ya.

No le había tenido temor a ningún hombre. A los que eran como yo, dos manos y dos pies, nunca se lo tuve. Miedo de mí, era otra cosa. Me parecía peor y más grande que el otro. Y más empecinado. Pero de un hombre vivo, no.

Pepito se dejaba resbalar por la pared contraria a la mía, un pulgar en el chaleco y la otra mano, indolente, con el pitillo. Iba siguiendo mi paso con silencio y ojos fijos de alimaña.

El miedo de mí, en el que yo no paraba de pensar entonces, era que no sabía hasta dónde podía llegar yo. Si el feriante seguía por ese camino y se encontraba conmigo, según lo veía yo, cualquier cosa podía suceder. Cualquier cosa: ése era mi miedo. Recordaba lo del serrano que humilló a Vidal. Si le hubiera matado, no hubiera sentido distinto de lo que sentí dejándole tumbado.

Vivir era viajar por el lindero de un tobogán. Un traspiés, y todo el equilibrio, todo el impulso que nos hacía andar por el borde, explota en un abismo donde nadie sabe cómo poner los pies para evitar el porrazo.

Oí que Josefa ponía los cubiertos en la cocina. La cocina me pareció un mundo lejano, al que Pepito o yo no llegaríamos ese día.

Me apoyé en una silla del hall y me incliné sobre ella como si me fuera a desplomar. No pensaba darle ninguna ventaja. En la cocina ya no se oía movimiento. Pepito echó una bocanada más larga de humo. Ya no nos mirábamos.

—Pelele... —dijo, y esa palabra la escuché muy cerca, casi encima, lo suficiente como para saber que ése era el momento de levantar la silla hasta la altura de su estómago y dejar que se la encontrara a mitad de camino. Una mano rebotó en mi hombro y dio en la nuca, pero una mano fláccida que tenía intención, pero que había perdido la voluntad.

La voluntad estaba sentada con Pepito, hecha un rebujo, con una mano agarrada a mi bata para no caerse del todo.

—¡Hijo puta...!

Agarré la silla desde el asiento para tener la seguridad de que no se me escaparía y la levanté por encima de la cabeza. La de Pepito estaba levantada hacia mí escupiendo insultos entrecortados. Sólo faltaba descargarla para que las eses dejaran de silbar en mis oídos.

Estaba tan claro en mi cabeza el hecho consumado que cuando Josefa me agarró del brazo y Rosa me quitó de un tirón la silla de las manos, me pareció un imposible sueño que Pepito no tuviera ya las costillas rotas. Tuve que despertar de aquella idea fija, mirar a la madre y a la hija, hacer por reconocerlas, mirar aquel guiñapo y decirle «la próxima vez te pico, malasangre, la próxima te mato», para darme cuenta de que el gitano estaba todavía entero y de que yo no era un homicida. Tuve que esconderme en la habitación, bajar las persianas y no ver la cara de Rosa con sus ojos metiéndose como un cuchillo en mis ojos, escarbando por dentro y sin yo saber qué querían esos ojos, qué decían a los míos, ahora escondidos en una alcoba cerrada al mediodía, sin un temblor, solos con la oscuridad.

CRISIS X

Sabía el camino de memoria. Lo había hecho durante tres años todo el invierno, un poco en la primavera y dos o tres veces en verano. No podía decir si conocía Salamanca, pero conocía el camino. Un camino en el que andaban tres años de fugas y regresos.

Ahora, esperaba en el autobús de la plaza para hacer ese mismo trayecto, pero, como la primera vez, tenía el presentimiento de que algo decisivo pasaba al final del viaje.

La vuelta a Salamanca era una tradición de treinta años. Una prueba de categoría nacional. Venían de todas partes. Venían los mejores. Tenía un trazado duro, por vericuetos urbanos donde se apiñaba la gente. Era una especie de fiesta para los salmantinos, quizá porque coincidía con alguna fiesta de verdad. Yo sólo sabía que era domingo.

Competían todas las categorías: infantiles, juveniles, juniors y absolutos. La había intentado los dos años de juvenil y había fallado. No bastaba con ser el mejor, había que contar con la suerte y un equipo de apoyo. Yo siempre había corrido solo. Me hubiera gustado seguirlo haciendo.

El Ayuntamiento de Ciudad Rodrigo, sin embargo, había decidido invertir un poco de dinero en su propio prestigio y pagado un autocar de cincuenta plazas, llenándolo de profesores de gimnasia, directivos y una quincena de atletas bienintencionados y mediocres que iban a guardarme de patadas y codazos.

Hubo también uniformes blanquiazules con el escudo malva de la ciudad. Yo pensaba utilizar el mío, pero me abstuve de decírselo a nadie. Unicamente cosí el escudo en el peto de mi camiseta negra.

No me sentía a gusto pensando en aquellos quince pares de ojos que iban a estar pendientes de mí. En el Instituto se había creado un clima de epopeya ante el acontecimiento.

Un día llegué tarde y uno de los bedeles, el señor Néstor, que estaba ya cerrando los portones, me dijo:

—Como hagas lo mismo en Salamanca...

Cuando hicieron la selección para elegir a los quince, durante la clase de gimnasia, yo me quedé al lado del profesor para observar la prueba. Era un cura que también daba las clases de deporte del Seminario. Siempre sudaba y estaba muy ocupado. Se decía que no hacía nada bien, pero que como trabajaba tanto, nadie se atrevía a echarlo. Llevaba un grupo de Acción Católica, se encargaba de las actividades culturales del Casino (es decir, confeccionaba el calendario de bailes), hacía proselitismo entre los gitanos, siempre con prisa, me imagino, diciendo algo así como:

—Bueno, te bautizas o qué, que me tengo que marchar.

Había fundado también un grupo de devotas bordadoras que hacían capas para los santos. La cosa consistía en que ellas se reunían por las tardes y empezaban a trabajar con la aguja y el dedal y, en algún momento, se pasaba el guía espiritual por la parroquia y les daba una charla catequizadora, jadeando, claro, pero no menos enérgica por ello. Su concepción de la vida cristiana era para él lo más parecido a las consecuencias de la hipertensión arterial.

—Los hipertensos se sentarán en el valle de Asfódelos a la diestra de Dios Padre —pudo haberles dicho en alguna ocasión a las beatas señoras, que nunca se pinchaban el dedo mientras le escuchaban.

—Oye, yo no entiendo nada de atletismo, así que tú me ayudas para escoger a los quince que ha mandado el alcalde.

—Bueno —le contesté con resquemor mirando la sotana que no se quitaba ni para jugar a baloncesto.

Primero quería hacer una carrera de cien metros lisos y apuntar a los ganadores.

—Así ganamos tiempo. Los que más corren en cien metros corren lo mismo en diez mil.

Tardé diez minutos en hacerle entender que la distancia debía ser parecida a la de Salamanca. Mis compañeros se morían de frío en pantalón de deporte, mientras nos escuchaban discutir.

—Pongamos mil metros, ¡eh!

—No, don Joaquín: más.

—Dos mil entonces.

—Más.

—De cinco mil no paso, que no hay tiempo y a las once tengo reunión en el casino.

—Son diez mil, don Joaquín.

—¡O te avienes a razones o que le den por saco a la carrera! ¡Que la haga el alcalde, coño!

—Se lo diré al alcalde, don Joaquín —respondí muy tranquilo.

Me miró con odio, pero como era el odio de un pinchapeces no me inmuté.

—Tú eres un caletre —me dijo, mientras empezaba a sudar.

—¿Y eso qué es?

—Todos los que no son nada y se creen que son mucho.

—La primera vez que lo oigo, don Joaquín.

—Como pierdas en Salamanca te cateo la gimnasia.

—Hará usted bien. ¿Hacemos los diez mil o le digo al alcalde que usted ha dicho que venga?

Tardaron casi una hora en acabar el recorrido. El de la sotana se largó echando humo. Luego se fueron todos a las duchas, menos los quince primeros que se quedaron allí, mirándome, como si esperasen algo.

—¿Qué tal? —se atrevió por fin a indagar el orgulloso ganador.

—No está mal.

—¿Cuánto hemos tardado?

—Se le ha parado el reloj a Correcaminos, no sé.

Se rieron. El cura merecía el apodo.

—¿Ganaremos por equipos?

—Lo más seguro.

Después subía con Vidal hacia la plaza y me encontré con los quince reunidos en uno de los bancos de piedra. Hablaban a gritos y se les escuchaba discutir sobre lo cansado que es correr con zancadas cortitas, como las geishas, o grandes zancadas como los antílopes. Había división de opiniones. Me imaginé acompañado de un equipo de corredores en el que la mitad corría como fulanas japonesas y la otra mitad con complejo de corzos de la serranía. Me eché a reír y Vidal se lo tomó a mal, porque me había preguntado:

—¿Teresa y tú os véis por ahí, no es cierto?

Estaba adivinando por qué Vidal lo preguntaba de esa manera.

—¿Por qué no me lo has dicho?

—Han sido un par de veces. Además, no sabía que te lo tenía que decir. No pasa nada, Vidal. Yo qué sé.

—Creí que éramos amigos —dijo, mientras miraba los tejados que declinaban en la cuesta del Alcázar.

El cielo parecía un paño blanco y azul recién lavado. Cuando el sol relucía en Ciudad Rodrigo, era como si la hubieran vuelto a pintar, las casas y todo, aquellas fachadas del Diecisiete y hasta los gallos de las veletas, que asomaban de negro. En esos días, la ciudad le ponía a uno a soñar sin enterarse.

—Si fuera Salzburgo... —pensé en voz alta.

—Qué dices.

—Nada. Que claro que somos amigos, pero no hay nada que contar.

—¿Te gusta Teresa?

—No sé —mentí.

—Eso es tanto como decir que sí.

—Eso es tanto como decir que no sé. ¿A ti te gusta?

—No.

Estábamos en lo que llamaban la Batería. Se divisaba la curva grande del río y los páramos de detrás hasta que se encontraban con una hilera de tesos.

Dos curas subían por la calzada hasta la muralla. En el puente romano estaban echadas dos cañas. El paisaje, la luz, decían: «Tranquilízate». A veces pensaba en lo de Salamanca, a veces en Teresa, y entonces me entraba una comezón por dentro del cuerpo y no podía arrascarme. Ahora, además, Vidal.

—¿Sabes qué es un punto de fuga?

Lo miré. Vidal estaba de perfil. Me fijé en que tenía los párpados algo hinchados y caídos. Era la cara más blanca con el pelo más negro que yo había visto nunca. Andaba despistado en una lejanía y a lo peor se echaba a volar hacia ella en cualquier momento.

—Es cuando el paisaje ya no sigue porque la vista no alcanza. ¿No ves? Hay un punto, allí lejos, del que no puedes continuar. La tierra sigue, la llanura, los árboles, pero ni tú ni yo los vemos. Ese punto del que no puedes avanzar, a no ser con la imaginación o el catalejo, o con otra cosa, es el punto de fuga.

—¿Por qué lo llamas punto de fuga?

—Porque si yo pudiera atravesarlo, entonces ya no me importaría lo que veo, sino lo de más allá, me fugaría de esto, me iría, sería otro.

Las sombras de la mañana se recogían sobre las casonas de la plaza. Los asientos del autobús estaban vacíos. El chófer abrió el portaequipajes y dejé la bolsa, que era la misma de cuadros verdes y marrones de las primeras veces, la de ir al mercado.

La ciudad estaba limpia y fría. En el «Porvenir» guardaban los bidones de basura vacíos. Los pestillos de algún otro cafetín también sonaron. Las golondrinas espejaban en la altura.

Cuando salía de allí, siempre me fijaba en cosas que habían estado siempre, pero que yo no había visto. Pensé, inventándome una melancolía, que las ciudades que se dejan son distintas en los últimos momentos. Entonces, uno les da todo el amor que les ha negado siempre. Puede que pase con otras cosas.

Manché la ventanilla con un cerco de vaho. Lo limpié y me vino Teresa a la imaginación, quizá porque no la había encontrado detrás del cerco de vaho, mirándome desde la acera como yo quería.

La segunda vez que hablamos fue en un recreo del Instituto, su clase salió un minuto antes que la mía. Vidal se marchó al internado. Teresa iba con otras amigas de la parte alta en dirección al «Castilla». Corrí detrás de ella, hasta que pude tocarle en el chaquetón.

—Perdona, es que pensé que no ibas a ninguna parte, y como yo tampoco...

—Sí que iba. Iba a comer algo, que estoy hambrienta.

—Pues de eso se trataba también. Fíjate lo que me ha puesto mi madre.

Saqué una barra grande de pan y un salchichón de la misma longitud. Para demostrarle que no faltaba nada, saqué también la navaja cabrera y me la puse en la boca.

—Incluso para mí es demasiado. Me da lacha guardarlo otra vez y apestar a salchichón en el aula. Lo otro, era repartirlo, pero me da no sé qué andar buscando a alguien para darle medio salchichón, aparte de que puede tomárselo a mal.

—La gente no se toma a mal esas cosas.

—Yo creo que sí.

—De verdad que no. Sería muy poco agradecido.

—¿Estás segura?

—Sí.

—De acuerdo. Podemos ir a la Batería. Allí se está tranquilo.

Con cara de seria sorpresa, Teresa me acompañó.

Nos sentamos en el poyo de la tapia del alcazar; abajo todo el paisaje del río, la cordillera azul, el sol contra la cara.

Ella comió con apetito, daba mordiscos contradictorios, quiero decir que no parecían de ella. Yo picoteaba como un pardal, con miedo de que se me hincharan los carrillos.

Se me quitó pronto el hambre, más por lo pensado que por lo comido. Revolvía cómo decirle alguna cosa. Sólo había resuelto el convencerla para que se estuviera el recreo a mi lado. Pero de lo demás, del que ella se propusiera salir conmigo en adelante... nada.

Teresa masticaba y miraba el paisaje. ¿No lo conocería? Pasaba el rato. Miraba el minutero con aprensión. Acabó. Se sacudió la falda.

—Yo no quiero salir contigo.

No lo esperaba así, tan decidido.

—¿Porque soy del arrabal?

Con la mirada que me echó se podía haber montado un cine.

—Es que entonces yo no lo entiendo.

—Te lo dije. Te quería cuando te seguía. Ahora, ya no.

—¿Y por qué me querías?

—Me da rabia hablar de las cosas que pasaron.
—Pero yo no he pasado. Yo estoy aquí.
—No eres igual.
—Lo que pasa es que no sabes qué decir.

Se levantó y la seguí. Las cosas estaban peor que al principio y, a pesar de ello, no podía ocurrir de otra manera. Era mi desesperación.

En el pasillo de clase le atajé, dolido. La gente pasaba a nuestro lado y nos miraban, pero yo no los veía. Teresa estaba rígida, porque yo le tenía cogida la mano. Con la mano libre podía haberme dado un bofetón.

—¿Por qué no soy igual, el mismo?
—Ahora, no.
—Pues cuándo.

A Teresa se le levantó la comisura del labio, en una sonrisa que no era.

—Algunas mañanas voy a misa de seis a la catedral.
—Qué mañanas.
—Las que me dejan.

Se zafó y desapareció en su aula.

Yo no sabía si tenía algo o nada, si tenía que estar triste o contento. Tenía esa perplejidad de vacío redondo que da lo mal hecho y al mismo tiempo un resultado incierto. ¿Me quería ver? ¿Era un engaño? ¿Por qué lo iba a ser? ¿Podía haber acertado en algo?

El autobús se llenaba de gente. Todos querían saber la misma cosa:

—¿Tienes nervios?
—No, ninguno. Sólo me dan cuando pierdo.

Parecía jactancia, pero sólo era algo cierto. Los nervios y los miedos eran costumbre que no se perdían. Había quien no podía pasar por el medio de una calle, dormir a oscuras, mirar con ojos fijos la luna, tantas cosas como costumbres. Se hizo la primera vez, una segunda y más, y ya parecía tener sentido lo que no era más que improvisar sobre la vida. Todo por otra costumbre que era pensar que, pues vivimos, todo tiene sentido para vivir.

Los nervios no me dijeron nada las primeras veces. Yo

corría sin querer. Aunque ahora quisiera, ya estaba la costumbre de no tenerlos y de no quererlos. Sólo eso.

La segunda parte era también verdad. Tenía la costumbre de ganar, pero también había perdido. Algo se me partía, el rumbo, yo qué sé, de loco eran aquellos nervios de verse perdido. No perdedor, sino perdido. Se ha querido ganar y se pierde, hay que querer entonces otras cosas, no se sabe cuáles. Perdido.

Correcaminos llegó el último. Los del equipo me echaron un guiño. Seguramente había estado haciendo algo mientras dormía y eso le había retrasado.

El alcalde mandaba un concejal, el llamado de la Juventud, en su representación. Venía inflado de corbata, con traje oscuro. Miró que la hueste se aposentase y lanzó toque de marcha.

El autobús se deslizó por la vieja ciudad, bajó por la Puerta de Amayuelas y emprendió la ruta de Salamanca. Iban quedando detrás las casas bajas y sucias del arrabal del Hospicio. Hasta la pobreza me parecía distinta en aquella mañana. Cuando las cosas se dejan, etcétera. También el monumento de los ferroviarios decía algo nuevo.

Una locomotora de carbón subida a una mole de granito, pintada de negro y rojo, con un letrero metálico: «1920-1953. FUE ÚTIL».

«Util», la palabra que se quedó revoloteando y a lo último se posó en aquella nube de gloria venidera que era mi cabeza, sin atravesarla. Pero se quedó.

El campo pasaba por la ventanilla del autocar a la misma velocidad que los recuerdos del rectángulo de mi memoria. Un rectángulo porque sólo se dejaban ver pedazos, no la sucesión entera.

La primera vez, con el frío terrible de la madrugada, el dolor de la nariz por dentro, los huesos como el carámbano. La boca negra de los fosos y muy lejos los faroles de la plaza de la catedral, con un jardín redondo de arbustos escarchados. Tocaron las campanas menores dos llamadas suaves, sin esperanza, y dejaron un hielo de bronce en el aire. No vi a nadie.

Pensé que las viejas irían envueltas en la oscuridad con dos ojos de témpano inmóviles.

La catedral parecía ausente con su silencio gótico. Tuve la impresión de que las agujas de la torre no miraban al cielo, sino que colgaban de él, y en cualquier momento se desprenderían y harían añicos contra el suelo con el mismo silencio. Las ruinas dejarían al descubierto un montón de esqueletos negros que se levantarían al verme pasar y se pondrían a decir misa.

La nave lateral estaba a oscuras. La atravesé pensando en los pechos brillantes de los mártires que ocupaban las hornacinas. Al final, había una capilla con un poco de luz y un sacerdote que salía de la sacristía con el sacramento seguido de un monaguillo con la cabeza rapada, como los del Seminario. Delante del altar había unos cuantos bancos corridos con dos viejecitas con el misal en las manos. El cura no había comenzado, pero ellas ya tenían su rumio en los labios, como si su Dios fuera un Dios distinto, un Dios que escuchaba de otra manera y que, sobre todo, las escuchaba a ellas antes que al sacerdote.

Otra cosa era que allí dentro no hacía frío, tampoco calor, más bien una tibieza rara que a mí me parecía salir del tuétano de la piedra. Toqué una columna y era verdad: no estaba fría.

Me acerqué hasta la verja que separaba la capilla de la nave. El oficiante recitaba el latín con voz muy baja, pero yo podía escucharlo como si me lo estuviera dictando al oído. Noté una extrañeza en el cuerpo. Diagnostiqué que no había desayunado, que afuera hacía demasiado frío, que todo resultaba de una forma que no había esperado. En ese momento escuché el crujido de la puerta del vestíbulo y el golpe seco con que se cerró. No distinguí a nadie. Se trataba de Teresa con toda seguridad. Clavé los ojos en la profundidad hasta que apareció un hombre con una bata azul, dos paños en la mano y un andar pesaroso. Era el sacristán. Pasó sin mirarme y se perdió como una lamia errabunda en la otra nave. Teresa no vendría.

No tenía sentido volver a casa a aquella hora. Además, allí se estaba caliente. Pasé a la capilla y me senté. Seguía con la extrañeza en el cuerpo. Vagaba por la casulla brillante del sacerdote, por la luz de los cirios, el mantel de encaje del altar, las esquilas colgando de la mano dormida del monaguillo. A poco, me fui hacia las alturas y me paré en el ventanuco irregular por donde en ese instante penetró el primer haz de la mañana. La luz fue bajando como un cuchillo, primero al Cristo de madera, luego a la cruz dorada del sagrario por encima de la cabeza del sacerdote. Entonces tuve miedo de que se descargara sobre la cabeza del cura y le guillotinara. Fue una emoción que me hizo saltar en el banco. Sentí que no estaba solo. Miré a mi izquierda y la cara tranquila de Teresa me devolvió a mi ser. La extrañeza se había fugado.

Cuando salimos ya era de día. En la muralla rebrillaba el verdín de las cañoneras. Las viejecitas no salieron con nosotros, haciendo, quizá, inútiles esfuerzos por enderezar la comba de su anatomía.

—¿Tú crees? —pregunté.
—¿Tú, no?
—No sé.
—Yo tampoco. Pero disfruto. Es como meterse en la máquina del tiempo, muchos siglos para atrás, sensaciones de otro mundo.

Subimos a la muralla. El aire levantaba los olores del campo y los hacía naufragar en la ventolera que nos daba en la cara. Tomillo y yerbabuena de todos los extremos. El sol estaba todavía a la otra parte de la ciudad. Dejaba sombras en nuestro lado que llegaban hasta el río.

—¿Lo haces por eso? Lo de la misa, me refiero.
—Es un descubrimiento. Yo pienso que de la vida no nos enteramos, la nuestra de todos los días. Es como los versos de Machado: «Ojos que a la luz se abrieron, hartos de mirar sin ver...» En este pueblo hay montones de cosas, pero nadie sería capaz de faltar al «Castilla» a la hora de la partida. A mí me gusta mirar, saber lo que existe y luego, elijo y disfruto.

—A mí me parece que no se puede disfrutar, ni elegir tanto.

—No sé por qué.

—El mundo se impone. Mirar y saber es cansado. ¿Es que cambian las cosas? No, nada. Vivir para uno es la solución y, en ese caso, todo vale, mi atletismo y tu misa —dije con seria tajancia.

—Respondes en seguida, pero no sé si entiendes.

Casi dimos la vuelta completa. Paramos en la Puerta de Poniente. Allí, en un callejón, había una churrería. Teresa compró un cucurucho grande y volvimos a subir. Yo prefería también la soledad de las murallas.

Comimos demasiados churros y el estómago tenía repiqueteos, así que nos sentamos en un borde, por encima de las huertas, mirando a la alameda de los Caños. Conté muy mal la historia de Caguego, o quizá muy bien, porque no le puse acento.

—Lo cuentas como si se te hubiera olvidado la mitad.

—Es que se me ha olvidado.

Se tiró a lo largo, mirando al sol. La falda se le arrugó un poco y dejó al descubierto las rodillas. No sé qué hice para no tocarlas. La respiración le hacía pálpitos en el vientre. Pensé muchas cosas y todas me daban miedo. Por miedo me puse a otear los horizontes. La parte peligrosa del río, los vados con grandes pozas y una rompiente abajo, a la izquierda del altozano de árboles y pradera que tenían encima una cordillera más clara que el cielo, con un monasterio metido en su entraña y que en días brumosos se perdía sin rastro y se olvidaba.

—Oye, Teresa, ¿el monasterio es verdadero?

—Supongo, aunque yo no he ido.

—Ni nadie que yo conozca. ¿Tú conoces?

—No creo. A lo mejor está inventado.

—Con un cartón bien recortado.

Teresa miró el reloj y eran cerca de las ocho. A las nueve teníamos la primera clase. Antes de bajar por la escalinata de la Puerta del Sol se volvió y me miró muy de frente.

—Tú no tienes ningún convencimiento de las cosas, ¿verdad? Quiero decir que a ti te pasa con todo como con el monasterio. Crees que el mundo se impone porque no estás convencido de que exista. Nadie lucha contra fantasmas. El vivir puede ser algo inventado, y quien lo ha inventado es el que sabe, así que nada se puede hacer. ¿No se te ha ocurrido ir al monasterio?

—Estás exagerando.

—¿Sabes cómo te empecé a querer yo? Ni te lo imaginas.

—Cómo.

—¿Te acuerdas del molino de la Moretona? Antes de

que lo derribaran, te estoy diciendo. Yo iba también muy temprano, a sentarme arriba del todo y ver al trasluz el agua de las turbinas y el reflejo del puente en la primera luz. Era otro sitio a aquella hora, como un castillo francés de esos que se meten en el Loira como un barco y están allí siglos. Un día vi que alguien llegaba por la ribera, corriendo, muy abrigado. Se medioparaba delante del molino, recelaba y seguía por el entrante hasta no regresar. «Qué raro es eso», me dije. Yo le veía a él, pero él nunca me vio a mí. Siempre hacía un extraño al llegar al molino, esperando algo; creo que le gustaba tanto como a mí, sólo que él no entraba. «Si un día entra, hablaremos», pensé también. Pero no fue. Un domingo me encontré con que había ganado la Vuelta Pedestre y no parecía feliz. Tampoco parecía el mismo que yo me encontraba en el moliono. Luego, dejó de ir. Le seguí un tiempo. Al final me dije: «Es sólo un corredor de fondo», y me olvidé. ¿Qué veías en el molino? ¿Vas a decírmelo?

—Aquella época la recuerdo muy vagamente, no sé.

Que Teresa fuera la persona que yo imaginaba en el molino, era algo que podía con mi imaginación de entonces. Era verdad que yo no creía en las cosas. No creía en aquella mujer que me salía al paso y que me hacía volver cada mañana y tan distinta de todo. Yo no seguía mis ideas. Yo no iría a ver el monasterio de cartón. Tampoco se lo diría a Teresa, porque a mí me daba rabia, como a ella, hablar de las cosas que se pasaron.

Me fui corriendo hacia el arrabal. Era como una puerta abierta a un precipicio, imaginaba caer y flotar en el abismo, mientras gritaba: «¡Existía, existía...!», y estas palabras tampoco significaban ya nada, por mucho que el grito se hiciera cada vez más fuerte.

Estuve más veces en la catedral siguiendo el cuchillo de luz, y en la muralla, en aquellos horizontes con un confín distinto del de las rodillas de Teresa. Pero nunca volvimos a hablar como el primer día, de nosotros, de lo nuestro. No sabía si ganaba a Teresa o si la iba perdiendo de a poco, o dónde estaba el hilo por el que tirar de ella, o, si se había roto, dónde.

Algo distinto, plácido, me daba estando con ella y no buscaba ni preguntaba más. A otras horas no nos veíamos. Eso me reconcomía a ratos, pero bastaba encontrarla al otro día para pasarse y desentirlo.

Cuando no estaba, pensaba en ella con fiereza, quería tenerla y apretarla contra mí, desaparecerla en mi abrazo. Viéndola, era otro caso. Me costaba pasarle los ojos por encima, porque estaban sucios mis ojos de otros intentos. Evitaba pensarla, allí tan cerca, tal como la necesitaba, con miedo de que me mirara el pensamiento y no le gustara el fondo. Qué humano tan desigual era yo a su lado y fuera de él. Los dos que era podían ser a la vez: era mi forma de sufrir. «Teresa», decía, y el nombre tiraba la ciudad abajo o levantaba otra nueva con todos los paisajes, a su paso.

Me iba a Salamanca.
—Me acompañas al autobús...
—No digas tonterías.
—No es una tontería, son ánimos.
—Qué cosas.
—Una cosa sí te quiero pedir.
Y se la pedí. Era verme al regreso. Un paseo por cualquier lugar. Para mí era una fecha importante.

Cuando el autocar entró en Salamanca por la iglesia de los dominicos y enfiló por los inicios de la Gran Vía, las manos me dolieron. Algunos no la conocían, se levantaron para ver la ciudad. Yo tenía agarrados los mangos del asiento con mucha fuerza, y por el dolor y lo blanco de las uñas eso debía haber tenido comienzo hacía ya un rato. Mucho tiempo de andar con dos cabezas a la vez. Una, puesta en Teresa; la otra, en lo vecino, en lo inmediato. Ganar y ganar a Teresa, dos planetas, dos carreras con direcciones contrarias. Yo sabía y no sabía eso, dos conocimientos también. Dos manos que se apretaban cada una a un mango distinto.

La gente formaba hileras en la Gran Vía. En la rotonda de la Delegación de Deportes, los autocares llegaban y aparcaban junto a los portales. Los equipos saltaban al empedrado en chandal, se encogían un poco de frío y empezaban a calentar. Por las letras de la espalda se conocía de dónde eran.

A nosotros no nos conocería nadie, porque cada cual se agenció lo que pudo para cubrirse del frío. En el Instituto no había chandal reglamentario.

U. D. Salamanca, Escolapios de Zamora, Agustinos de Valladolid, Universidad de Cáceres, R. C. D. Palencia, Tajamar, Real Madrid y Vallehermoso de Madrid, C. A. U. de Oviedo, tantos otros, y, a lo último, de incógnito, el Ciudad Rodrigo Club de Fútbol.

Altavoces colgados de los balcones daban instrucciones a los delegados de los equipos. Las inscripciones, los dorsales corrían prisa. Tipos con un brazalete rojo se movían por todas partes, llevando papeles, avisando las señales. Una escuadrilla motorizada de municipales esperaba fumando un pitillo, con los cascos blancos encima del sillín de las máquinas. La pancarta de entrada en meta, a la altura de un primer piso, se balanceaba sobre la rotonda. Vallas amarillas con el rombo del Ayuntamiento de Salamanca, trataban de contener la avalancha de gente que bajaba por las rúas del mercado. Una columna de coches abanderados llegaron desde la Alamedilla y se colocaron junto a los municipales.

Los de la Unión Deportiva, con su uniforme negro y una banda blanca, levantaron aplausos. Había chavales que llamaban a algunos por sus nombres. Ordenadamente se pusieron a calentar en grupo, avenida arriba. Se les notaba silenciosos y seguros, potentes, distantes. Habían desayunado a su hora, habían dormido lo conveniente, pensaban lo que debían, es decir, no pensaban, se tomaban el pulso del músculo, el tono, y todo su cuerpo se plegaba a ese sentir. Yo les envidiaba su oquedad y la quería para mí.

El paseo se llenaba de equipos, bandeando como abejas disciplinadas, respirando el tiempo del cronómetro cuyas manivelas tenían un lugar secreto en el corazón de cada uno.

Por los altavoces sonaba el himno deportivo con amonestación de voces masculinas, que decían enloquecimientos de victoria y mezclados sentimientos que pretendían animar, dar fiebre al momento. El himno se interrumpía para dar noticia de los equipos, de las figuras invitadas, agradecer a casas comerciales, nombrar los trofeos, señalar las autoridades de la tribuna.

La tribuna, a un costado de la meta, tenía un toldo con escudo, flecos decorativos, tres gradas, una mesa con mantel que se iba decorando con las copas y las medallas que se extraían de los estuches. Cubría el frente una bandera española con el escudo bicéfalo, con brillo de sacramento. La Policía Armada buscaba abrigo en un lateral.

Una furgoneta de Radio Nacional desplegaba las antenas, mientras alguno de sus reporteros hacía rápidas entrevistas a los organizadores. El vaho salía de las bocas como de un fuego que prendía en los nervios y escapaba por donde podía. Eché adrede una bocanada exhaustiva y me pareció que el mío era más denso, de un fuego de mayor espesura.

No me había movido. Detrás, aquellos quince tenían un amedrentamiento también inmóvil. Mi nuca tenía a sus ojos por testigos. Correcaminos llegó con la prisa de su naturaleza y repartió imperdibles y dorsales con la rúbrica de la «Coca-Cola». Después, miró hacia todas partes y desapareció.

Les dije que se pusieran a trotar tranquilos, como el resto del mundo. Algo de cintura, brazos y media docena de brincos. Si acababan pronto, que volvieran a empezar. Se fueron calladamente. Ya tenían la perplejidad y la resignación de los que saben que ése no es el día de su gloria mucho antes de empezar.

¿Sería el mío?

¿Todo aquel mundo habitado de policías, tribunas, multitudes y ondas radiofónicas se apagarían un instante para que sólo reluciera el dorsal de mi triunfo?

¿Enmudecerían, llorarían conmigo, tendrían y afirmarían la misma suerte que yo en el mismo minuto?

¿Robaría de sus vidas un momento de su memoria, que sólo les pertenecería si ellos me pertenecían?

¿Qué quiero de ellos? ¿Por qué no saben ya lo que me deben?

No quiero nada. Lo que quiero es quitárselo. Esta avenida tiene demasiadas cosas como para que nunca lleguen a ser mías. Las tiene, entonces sé que las voy a tener.

Siento el frío muy afuera, como una corteza. Por dentro es distinto. Está el pálpito que va a romper la corteza en cuanto mis piernas se muevan. Vamos.

Oigo abrumado, nada singular. Es como estar vuelto de piel para dentro, rebotado para mí. Solo, tampoco: varios pensamientos encerrados.

Todo es particular y mío. La piedra se ablanda, el suelo es muelle. Las piernas no pesan, atravesadas de instinto, que no pesen. Cada cosa en su sitio. Soy el que tiene su propio corazón, no agarrado a amores ni a miedos. Amores que dan miedo porque no se es como se quiere. Mi corazón tiene su medida y su gruta, cuarenta y ocho secos golpes por minutos. Tantos latires por tanto tiempo. Se es como se es, él tiene su potencia, su fuerza para ser. Fuerza para ir más lejos, por el atajo de confines. Los otros corren diez mil. Yo corro más porque sé más «porqués», más «dóndes», más «cuántos». Proseguiré cuando ellos se detengan. Yo sé.

No. No pierdo nunca.

Aunque de la cara de Teresa no me acuerdo, de la cara de nadie. Nadie tiene una cara que yo recuerde, cuando lo que quiero todavía tiene que suceder.

Ni las palabras. Ninguna dice lo mismo que va a pasar. Palabras, no son nada. Mil, más de mil, lo mismo. Un consuelo, una felicidad, un ejemplo, las palabras vacían las cosas. Son de ayer, no se inventan. Ah, no, lo que no se inventa no vale, lo que no viene no sirve, lo que no se gana se pierde.

¿Qué vendería? ¿Qué quitaría de mí para tener la soledad, la distancia del primero, el que agarra la cuerda antes que ninguno, el que levanta la mano, el que mira a la fotografía suya?

Mejor no pensarlo. Todo, sí. Puedo pensarlo porque sólo es un pensamiento.

Teresa sabe que sólo es un pensamiento.

Todo, para la vida entera, morir con esa victoria, tan grande que no tenga olvido. En esa miel, en esa juventud, el primer salmantino que gana la Vuelta a Salamanca. «Gaceta Regional», «Adelanto», «La Voz», «As», «Marca», Radio Nacional. Buenos moldes, como cuando dicen: «INAUGURADO EL PANTANO DEL AGUEDA.» El trofeo, dos columnas de plata, sosteniendo un laurel y una piedra tallada. Mío. Ahí quedarán las letras y el pedestal de un bonito mármol negro.

Todo, sí.

Ya está dado, entregado, falta mi parte. La manera de correr de Caguego, para un fin suyo. El mundo averiguado del molino y aquella mujer, territorio que sólo conocía mis fronteras. El saber de los libros, el entendimiento, el algo que decir, abandonado en un lugar malo, en la cocina de mi casa, pero lugar al fin y al cabo. Puntos de fuga, caminos secretos, que en todas partes existen para los que existen y saben. Otras cosas que, en fin, he dado sin saberlo y que serían secretos, mundos de uno si yo tuviera secreto y mundo. Esa es la conclusión verdadera: yo no tengo secreto. No hay en mí descubrimiento. No hay sábana que arrancar para ver mi sustancia. No me palpo, sé que la nada no tiene bulto. Si alguien quita la sábana sabrá lo que es un fantasma.

Todo entregado, lo de ahora se me debe.

Ya estoy en condición, ya soy igual que esas caras seguras, la oquedad del renegado, reniego y reniego. Gana el que más, mejor, largamente reniega.

Sólo habrá lágrimas para la derrota.

Altavoz. «Los atletas participantes en la prueba junior preséntense en la línea de meta con el correspondiente dorsal.»

Tengo medio calentamiento, da igual. Subo al autocar, dejo el chandal. Bajo y casi me doy de cabeza con Correcaminos y el concejal, que no me habían visto y se nervian. Remiran mi indumento negro, no les gusta. Quedamos en blanquiazul, piensan, pero no lo dicen. Está el escudo de todas formas, el triángulo invertido de color morado, con las tres columnas de oro. Yo me lo retoco, con disculpa vaguísima.

Altavoz: «Ultimo aviso para los atletas participantes en la prueba junior. La salida tendrá lugar en breves momentos. Preséntense de inmediato en la línea de meta.»
Salgo disparado y allí me encuentro el barullo de trescientos, regalando codos a siniestro para buscar la comodidad de delante. Los míos están atemorizados, los han echado a un rincón. Me miran todos llegar con la misma cara de lloro minúsculo. Les llamo, se animan. Tú aquí, tú allí, tú cierras delante. Seriamente: la leña de ahora no es la peor, la peor es la de después del pistoletazo; entonces hay que matar y si se cuece un sopapo, se coció. Agarrar, soltar la coz, girar los brazos, meter miedo. Pero el que no pueda que se vaya. Ahora, a la olla. Quitármelos de encima, hay que ponerse delante, que no os pisen. Caña.

Altavoz. «Se va a dar la salida para los atletas de categoría junior, participantes en la XXX Vuelta Pedestre a Salamanca. Se ruega a todos que exhiban claramente su dorsal a lo largo de todo el recorrido. La pérdida se sancionará con la descalificación. Una pareja motorizada de la Policía Municipal indicará el recorrido en cabeza. Cerrarán el pelotón dos automóviles de la organización con los correspondientes distintivos. Se han dispuesto un número suficiente de jueces de carrera en los tramos más dificultosos, para facilitar la orientación de los competidores. Una ambulancia permanecerá en meta, y otra seguirá la prueba a corta distancia. En caso de retirada, se ruega a los participantes que entreguen su dorsal al juez más próximo. Se prohíbe al público correr parejamente a los atletas o ayudarles de cualquier otra manera, cosa que supondría automáticamente su descalificación.»

Seguimos mal puestos. Ahora estamos demasiado en el medio. Vamos a recibir de todas partes. Por lo menos que me cubran. Salgo K.O. si me tocan. Con un acariciamiento no se corre igual.

El juez. «¡¡Preparados!!»
Reparto a todos lados. Me voy de los míos, es el momento, muchas camisetas rojas por aquí.

«¡¡Listos!!»
Veo la cabeza. He dado en un estómago, un agarrón por detrás, largo manotazo, puede que fuera una cara.

Pistoletazo que ha sonado cañonazo. Mil tropiezos, brazos, una caída, paso por encima pisando en carne. Como si media multitud se me echara encima desgañitada. La boca se me recalienta: me han soltado un mamporro. Se me escurre por la barbilla un líquido sabroso. ¿Sangro? Ojos enturbiados, el dolor que no espera. Me paso la mano mientras las piernas ya están libres y vuelan cuesta arriba con unos pocos delante. Notarlas libres, se me pasa todo.

Doblo por la Alamedilla, camino de la Puerta de Zamora. Me coloco en el grupo de seis o siete. Por lo menos tres camisetas rojas. ¿Tajamar? Dos Unión Deportiva. Un despistado de blanco. ¿Real Madrid? Hay más. Una camiseta verde, otra de listas blancas y rojas. Detrás no miro.

Tajamares en cabeza, haciéndose los paripés. Hay uno muy alto, muy inclinado, con la cabeza rapada, que va muy suelto. Se mete la mano en el pantalón y desarticula. Los otros parecen compañía. Ritmo de kamikaces. Me sujeto con los de la Unión. Me miran y nos reconocemos. Casi no me fijo en el del Madrid, con el pelo rojo y bigote, que va medio metro a mi derecha, creo que está mirando.

La Puerta de Zamora. La gente poniéndose de esquina en la plaza Mayor. Un tirón en la curva de los tajamares, que seguimos todos. No sé si todos. Las listas blancas y rojas las he perdido. El rapado ha mirado de reojo y ha escupido. Hay aplausos grandes al pasar por la Diputación. La piedra está muy pulida y las botas resbalan un poco. Hay que hincar la puntera. La izquierda me va floja. Un escalofrío por si se me desata. ¿Seré idiota? No puede ser. Mejor no mirarla, pero es incómodo. Daría puñetazos. Estoy seguro de que se me olvidó hacer el segundo nudo. Tanta extravagancia con el pensamiento y equivoco lo fundamental. Puede ser una impresión, ir sólo un poco más floja.

Los dos de la Unión son Puértolas y Melero. Puértolas es rubio y encorvado, un palmo más alto que yo. El pelo le cae en coleta por la nuca. Miro mucho esa coleta. Las rarezas en las que uno se fija. ¿No iré un poco forzado? Es demasiado pronto para un absurdo, para una "pájara". A Melero le recuerdo siempre aquel primer saludo del Helmántico. Hemos crecido mucho. Los dos seguimos. Sé que me teme, por eso de él no temo nada. Puértolas puede ser muy duro al final.

Y la bota bailando. ¡Dios!

Entrada en la plaza. Más multitud casi que en la Gran Vía. Las vallas contienen más difícilmente. Hay gente contenida también en los soportales. Miles.

De pronto, gritos para mí. «¡¡Farinato!! ¡¡Farinato!! ¡¡Farinato!!» Orificios tiene la emoción. Los gritos corren por los soportales como un eco. Son los de la Universidad, seguro. Van saltando por la gente. No quieren que esté solo en esta plaza, quieren ir conmigo. Farinato. Les doy mi agradecimiento.

Dos vueltas a la plaza. ¡Tirón! ¡Se van! El de la camiseta verde se queda. ¡Se van! Los tajamares con sprint puro. Salen por la derecha de la catedral. Noto ya un ahogo. Están a seis metros. ¿Nos quedamos el resto? ¿Nos quedamos? Melero, terrible. Salta. Puértolas a su rabo. Yo, al rabo de Puértolas. El del Madrid, al mío. La bota me huye. No sé si llorar. Es para ello.

¿Tendré menos fuerza? Melero les coge. Puértolas a Melero. Me cuelgo de ellos. El del Madrid me llega. Tajamares nerviosos, como de vaciamiento. No creo. Son muchos. Las piernas se desatan, parece que se van a partir por el eje de las ingles. Es imposible mantener la marcha hasta el final. Cuando pasemos por meta quedará todavía otra vuelta. Si éste es su ritmo me despido. No los conocía bien. Las esperanzas me saben a pan recocido. Bola de chicle en la boca. ¿Dónde me habré engañado?

Tajamares se dejan. Aguantan un segundo más, les dejo ir. Son trofeos hasta el séptimo. El pecho en su tope, no puedo abrirlo más. Arde el esternón, quemadura interna, el humo que se escapa por la boca. ¿Ha terminado todo? Cosa que pienso.

Ahora sin nadie. Callejuela del Botánico. Verja Larga. Descorriendo a nuestra derecha. Después portón grande con tejas, letras que no me da tiempo a leer. En seguida explanada Facultad de Medicina. Motoristas casi al final, pero no oigo el ruido. La explanada mira alamedas del Tormes. Campos que miro. Dan paciencia. Ausentan ahogo. Al pensar en lo imposible.

Doblamos a todo gas. Bajada aguantando la bota. A tope. Ya no sé. De lo que soy incapaz. ¿Será sólo una vuelta? ¿A quién pregunto? Me miraría Melero... Tienen que ser dos. Son diez mil, lo he visto escrito.

Dos del Tajamar aparte del caucasiano: gemelos tísicos. Sobra camiseta por todas partes, abanico de su piel blancuzca. Uno con un grano berrinchón. Contumaces. Secos. En su recogimiento. Nariz más grande que la cara. Cara hundida secreta de no querérsela ver. Tipos que dan pavor. En competición. Y fuera. No sudan, no sufren, pierden, ganan, sin reflejo, sin gesto. Los demás babeamos al tercer kilómetro. Resoplamos sin. Sin vergüenza. La manivela de los brazos hasta para empujar. Sube rabia asesina contra los androides. Corran aparte.

    Cuesta se acaba. Calle de Judería. Que se precipita de pura estrechez. Siento correr hacia laberintos. Retuertas ciudades sin salida.

    Llaneando. Carretera del río. Izquierda del puente romano. Parón del tráfico.

    Subida de Dominicos. Rachón de aire. Pegados a la acera del sol. El cuerpo topa no se desenvuelve. Inercia para los músculos. Adormecimiento. Relajar. Tengo que.

    Hilo espeso de la garganta al ombligo. Por el canalillo del pecho. ¿La misma sangre?

    La bota. ¿Me la saco? Las dos tendrían que ser, pero descalzo la piedra me traga.

    En blando pelotón. Tajamares tiran menos. El caucasiano. Jefe. Me apuesto. Melero escanciando babas. El del Madrid. Un tipo especial. Creo. Se suena.

    Tramo de haraganeo.

    Vuelta de esquina. Y. Repentina. La Gran Vía por el sur. Quinientos metros del hormigueo de gente. Un agitarse. Motoristas ya están allí.

Animando. Animo tonto del aplauso. Ritmo de loco otra vez. Altavoces sonando. Palabras bruma.

Ya entrando en flancos de gente. Un ánimo tonto. Planchar estilo codear justo. Aplastarse la cabeza. Que se confundan los sitios.

Gritos. Sueltos. Puértolas y Melero llamados. Entrenador. Avisa. Tajamares miran a su izquierda. Tipo pequeño les dice «al final de la cuesta, al final». Al Madrid alguien le pone un grito en el cielo. «Bilbao» le ha llamado. O nombre parecido. «Bilbao, no te pierdas a los rojos. ¡Ni a ése!» No sé quién es señalado. Cualquiera es «ése». Por conocerle el nombre le siento más amigo.

Del pueblo mal colocados. Hay que saber situarse. Pasar la valla con despiste del guardia. Correr un trecho. Decir lo justo. No quedarse entre la gente barullo inútil.

La rotonda.

Pasando el trapo de meta.

Altavoz dando nombres. El mío al final. Pelotón a cien metros. De refilón. La tribuna.

Salimos de la barahúnda. Un eco. Ultimo metro de la cuesta. Viendo la Alamedilla. Siento otro rompimiento. Cuántas romperé antes de acabar. Distorsionan los ojos. ¿Cabeceo?

¡Tirón!

Largo.
¡Tirón!

Bota volante. Sangramiento. Espumo por los ojos. Copa de séptimo. ¿Moribundo?

¡Y lo veo! ¿Así? ¡Caucasiano se queda! Del todo. Se arranca dorsal. ¿Entonces? Perdí mi apuesta.

¿Y dónde Puértolas? ¿También?

Androides sin alma macha-martillo, Melero, yo, tal Bilbao.

Puerta de Zamora lo es. No aliento.

Bajada Diputación. Melero por el rabillo yo a él. Brazos doliendo. Descuelgo. Síntoma que me miran. Del Madrid. Agachado. Detrás.

Torcida de la plaza. Sin ánimos. Sin Farinato. Esperaba.

Un gemelo. Vistazo. «¿Pájara?»

«¿Pájara?»

Dos cumplidas. Vueltas.

La bota.

Retirarme.

La bota.

Y sangre. Entenderán. Nadie dirá.

Mano en el dorsal. La dejo caer. Y fuera.

¿No?

Pasaje del Botánico. La verja. Las tejas. Las letras. La explanada. Medicina. Campos. Que no veo.

Nadie despega.

Melero en prisa.

¡¡Tirón!!

Tirón que dobla. Judería. Váse Melero. Tal Bilbao. ¿Me acojo? Si no sé. Mano en dorsal. Me acojo.

Melero, tal Bilbao, yo. Tajamares acabaron. Murieron lo suyo. Muertos ahora.

Melero desboca carretera del río. Su país. Lo quiere para él. Ni puente. Ni gente. ¿Corremos por otra vida?

No aliento. Estoy en lo segundo. Segundo aliento. Del espíritu ya. Del cuerpo. No.

Fuerza dormida. Sin sentido. Músculos duermen. Sólo ventanuco. Del cerebro. Chispa que corre. Y aún anima. No soy yo. Rompimientos. Añicos. Desbarajuste. Mezclas. Casquillos. Jirones. Arenas. Cristalitos. Barreduras. En rota procesión. Segundo aliento.

Costanilla de Dominicos. Rachón de aire. ¿Melero se lo lleva el viento?

Ha esperado mal. Se lo lleva el viento. Un quedarse ha tenido. Como de pena. Decirse «no». «Es que no.»

Del Madrid, yo. Solos. A los codos. Me aprieto en mí. Miedo. De desperdigarme. Caemos. Descuelgo brazos.

Cuándo dejo que vaya. Ahora puede.

Esquina. Y. Repentina. Gran Vía por sur.

Cómo es. No sé. De pronto.

De pronto.

La melena roja ya no he visto.

Perdida en su fuego. ¿Solo?

Solo.

Solo.

Tanto solo.

Aceras vías solas solas golondrinas cielo moscatel yo en mi ruido en mi ruido   boca sabiendo luna con sangre luna con luna soy yo dolorimiento   dolorimiento vacío ceño de no llegar perpetuo   como   como láminas blancas siempre de mar blanco espuma son palabras soy yo castiga Dios la gloria pura   en medio de ésta que no es avenida ni cielo yo soy yo   partido   porción de lugares abarrotando las brisas palabras borradoras   sin rastro   en ahogo   chapoteo una mano por encima que se agarra   desesperada al aire descuelga   columna estéril del firmamento deseo de buscar loco con la mano un sitio que yo hay que yo soy perpetuo.

Agarro con la mano. ¿Qué pasó? Es la cuerda de meta. Palmetazos. Un micrófono. ¿Campeón? Miro detrás, miro, todo me nublo.

No llegué a desmayarme. Me quedé de rodillas, mientras revoloteaba por encima una nube de gente que hacía hueco de vez en cuando para los fotógrafos. Me echaron una manta por encima. En la cuerda de meta entraron Bilbao, Melero, un androide, Puértolas, el otro gemelo. Yo no conseguía soltar la cuerda. Era un boxeador fuera de combate que se resiste a caer del todo, no por dignidad, sino por instinto.

La entrevista para la radio la hice todavía agarrado.

Los universitarios de la plaza me dijeron que se vinieron a la meta para verme llegar y que casi habían corrido conmigo los doscientos metros del final. Que la entrada fue apoteósica. Todo el mundo llamándome Farinato.

Los de la Cruz Roja me limpiaron la cara de sangre. Parecía que me habían estrellado un tomate en un teatro de feria. Melero me tocó en el hombro.

—¿Qué le pasaba a tu bota?

—¿A mi bota? —me extrañó que él supiera.

—Decías algo de tu bota, todo el tiempo. Estabas como soñando.

Se me había olvidado. Me fijé bien. A la bota no le pasaba nada. El nudo apretado, los cordones tensos.

Soñando, decía Melero.

Lo que pasaba, que no se vivía una vida impasible, hecha de un tramo. Había tajos, agujeros. No era el rollo de una tela desenrollándose sobre el mostrador. Si uno miraba por un agujero que no existía, la realidad se hacía pedazos. Y si el agujero existía, lo mismo. Mi bota estaba ahí, de la forma que era. La carrera, igual. Pensarlas, repensarlas, saltaban en añicos. No eran lo que eran. No estaba seguro de haberme atado la bota, después. No estaba seguro de haber corrido yo, verdaderamente. El segundo aliento truncaba la vida. A lo peor, hasta era antirreglamentario.

Llegamos a Ciudad Rodrigo por la tarde. La noticia llegó antes. En la plaza se hicieron remolinos de gente. Felicitaciones, parabienes. Yo pensaba en Teresa.

Bajé al arrabal y me cambié.

Ella me esperaba en la Puerta de Amayuelas.

No estaba. No estuvo. Una hora larga. No vendría.

«¿Qué vendería, qué quitaría de mí...? Todo, sí... sólo es un pensamiento... Teresa sabe que sólo es un pensamiento...»

Anduve. ¿Me había quitado a Teresa?

Sólo era un pensamiento. ¿Cómo lo supo ella?

Anduve. Carretera de Salamanca para adelante. Me senté en el pedestal de la vieja locomotora. «1920-1953. Fue Util.» Util, qué palabra. Tenía como un peso. ¿Yo tenía peso?

Se hizo de noche y casi había olvidado que por la mañana yo había sido el campeón.

CRISIS XI

Llamaron a la cristalera de la puerta de una manera que yo no supe si se trataba del sueño o del pasillo. Hacía días que la salud había vuelto como una ola. Pero los párpados tenían un plomo al despertarme, el peso de la debilidad.

Entró un listón de claridad por encima de la cabeza de Josefa.

—Al teléfono, chiquillo...
—Voy.

Busqué la bata a tientas y levanté la persiana.
Llevé mi flojera hasta la mesita del vestíbulo.
—Soy Bilbao. Tengo que verte.
Me extrañé de que no estuviera acostado.
—¿Pasa algo?
—No sé, tengo que verte.

La llamada de Bilbao me dejó un agujero frío en el cuerpo. Empezaba a saber algo de mis sensaciones. Eran muy pocas y se repetían. Así, en la repetición, sin pensarlas, las había aprendido.

O estaba lleno o vacío. Cuando me llenaba podía tener un temblor o explotar en imaginaciones. Luego, el cántaro se rompía y se me iba todo con un recuerdo de humedad en las paredes. Era lo vacío.

Ahora era una de las dos cosas, ni preferible ni peor.

—Tienes el café en la cocina —informó Josefa.
Desde lo de Pepito la veía más tranquila. Hacía menos

gracias, pero a cambio no le había salido ningún remordimiento por lo que me contó de su vida.

La notaba en sosiego conmigo. Tal vez fuera porque aquella silla había parado la constante presencia de Pepito, que empezaba a dar miedo.

—Qué hora es.
—No han dado las nueve, todavía.
—Me gustaría saber cómo es el día.
—Gris, así, sin frío. ¿Vas a salir?
—He quedado con un amigo.

El café estaba muy caliente. Tuve media galleta en la boca durante un buen rato y no probé más.

Josefa tendía ropa por la ventana del lavadero con la cabeza empapada y un brillo en la nariz. Su limpieza parecía siempre de ir a alguna parte, pero luego no se movía nunca. Había vidas.

—¿Empiezas ya con el entrenamiento?
—Todavía no.

Me abrigué para salir. La última tarde había dado un paseo y a la vuelta traía un destemplamiento que no me gustó.

Josefa no me preguntó por qué salía tan temprano, pero se quedó mirando como si lo preguntara. Le debía mi salud y toda clase de explicaciones sobre lo que pensaba hacer con ella.

—Me voy a sentar en un parque. Necesito verde.
—Ten cuidado no te pongas tú.
—¿Rosa se ha marchado?
—Sí.

Miré por la puerta entornada de Rosa. La habitación estaba más desordenada que la vez que estuve en ella. Tuve el impulso de entrar. Descorrí el cerrojo y bajé por la escalera.

La intención de irme a un parque era falsa. Tampoco había preguntado nunca sobre Rosa tan directamente. El aire espeso de la calle de Andrés Mellado me dio en la cara mientras pensaba en esas dos cosas.

Quería rodar por la ciudad, hacerme el perdido, ir tropezando con cines y con fuentes y, en el cansancio, sentarme a tomar un café detrás de una amplia cristalera. No sé por qué no se lo dije a Josefa.

Me dejé llevar hasta la calle Princesa. La gente me resultaba recién salida de mi misma enfermedad, con sus bolsas y carteras colgadas de una mano que apretaba vigorosamente su destino en el mundo. Eché de menos algo bien visible que transportar.

De las cafeterías atestadas se entraba y salía en remolino. Todos los remolinos eran iguales. Cotidianos y de todas maneras rotundos como un barrio y una profesión.

En el cine Princesa ponían una película italiana titulada «Perfume de Mujer». En las carteleras había siempre una muchacha joven con un hombre de cara afilada que llevaba un bastón de ciego. Parecía mucho mayor que ella. Noté que el hombre la quería. A veces era un rostro sarcástico y a veces era un rostro desencajado. Puede que se riera de su amor absurdo y puede que al mismo tiempo no pudiera soportarlo. La mujer sufría de la forma que sufren los que no son vistos, porque el ciego no podía verla. Quizá, al final de la película, se volvía loca porque nadie la había visto sufrir. La necesidad de testigos.

Le di vueltas a la imaginación. Aquello era imposible porque los dos esperaban demasiado: uno ver y el otro ser visto.

Aquellos pensamientos me dieron una pereza que me arrastró paseo abajo, viendo como a través de una lente, sin el sentimiento.

Cerca de la calle Quintana demolían un palacio.

Una anciana atravesó peligrosamente en medio del tráfico, pero no supo pasar de la mitad de la calzada, le vino el pánico. Un hombre también mayor me miró y fue a ayudarla. No supe qué pasó.

En la plaza de España unos estudiantes traslúcidos y extranjeros se descamisaron al resol.

Una banda de guineanos, rodeados del público de los almacenes de Callao, tocaban y se movían con un ritmo quebrado y monótono. Llamaba la atención uno con visera de colores y traje fulgente que sonreía con la boca abierta.

En la plaza del Carmen miré el cielo.

Después, mucho tiempo, como todo visto antes y no visto nunca, largo recorrido, un tren que pasa deprisa y no deja tiempo para leer el letrero de las estaciones.

Un perro absorto miraba a un hombre que leía recortes sucios de periódicos. La pared de detrás tenía una grisura más cenicienta que la del cielo. Era el hospital de San Carlos, al que se tragaba su propia sombra. Alrededor, la plazuela se sostenía con la desgana de un enfermo incurable. Una tristeza cuadrangular de varios pisos miraba al hombre y al perro.

Se levantaron y los seguí. Los recortes quedaron en la repisa de una ventana enrejada. El hombre caminó por el paseo de las Delicias sin mirar a ninguna parte. Lo conocía bien. Su ritmo tenía algo de rutinario.

Iba vestido con un traje antiguo, demasiado claro para la época. Conté los lamparones de la espalda.

Antes de llegar al bulevar de Ferrocarril, se desvió a la derecha y entró por el hueco de la tapia de un solar. Los yerbajos crecían al lado de bloques de piedra que parecían haber caído desde lo alto. En el fondo, permanecía misteriosamente erecta la pared interior de una iglesia completamente derruida. Las ruinas de un lugar sagrado parecían más importantes que las demás.

El hombre se sentó a su amparo después de encontrar trozos de periódico que juntó cuidadosamente.

El perro adoptó la misma postura que en el hospital de San Carlos. Sólo, de vez en cuando, torcía la cabeza para mirarme. Era el único que verificaba mi presencia. Yo no tenía esa seguridad.

Cuando terminó de leer, dobló los papeles con lentitud y se marchó.

Ya no fui detrás de ellos, pero les seguía viendo, más tarde, a través de la cara de Bilbao, donde se mostraba otro itinerario de jirones de palabras y de ruinas.

Pero en la calle, sentí que mi forma de mirar había cambiado. No era ésa la mirada con la que salí de casa. Lo palpable se consumía antes de llegar a mí.

Estaba cansado con un cansancio que envolvía el cuerpo y la mente, como si hubiera llegado al cabo del día, una especie de saturación, de hartura inverosímil.

La ciudad era un esqueleto hueco en el que vivían las hormigas.

La certeza era que el día se había acabado. Tenía que andar por una suerte de noche sin horas y sin descanso. El día estaba terminando.

Quizá por eso, el encontrarme a Bilbao fue como encontrar un hombre a trastiempo.

—Se fue, me ha dejado.

Miraba al fondo del vaso de cerveza, como si pensara en encogerse y sumergirse en él.

Por el ventanal se veía el scalextric de Atocha y una parte de la fachada de la estación.

Mi día se había acabado.

Bilbao y los lugares que nos rodeaban me parecían intentos fracasados de dar realidad a una historia y un escenario demasiado pobres.

Repitió varias veces lo mismo. No lloraba, ni se quejaba. Estaba seco. Yo conocía esa sequedad. Lo único que le parecía tentador era la profundidad del vaso.

Por mi parte, no estaba incómodo. Notaba la presión de la desgracia que golpea con una maza impasible. Golpeaba y golpeaba. Pero sólo en carne floja y desvivida. La insensibilidad era como un placer oscuro distante de la alegría y de la tristeza.

—No tengo imaginación para buscarla. No puedo imaginarme un sitio donde Marisa pueda estar.

En un carnaval, un maletilla al que llamaban Conrado le dio dos pases grandes a un toro. El público de la capea de las tres y media se volvió un clamor.

—Además, me parece que nunca ha estado conmigo. O sea, en la alcoba, en el vermut, en el cine. Por eso no puedo buscarla.

Y Conrado siguió dando pases. Hasta que el toro le trabó en uno. Giró como una hélice y cayó como un aspa rota. Se levantó en seguida y se encaró con el toro, sin muleta y sin nada.

—No puedo hablarle en ninguna parte. No hay un sitio en que yo voy y le digo: «Vuelve.» Ni de antes, ni de ahora.

Y le cogió otra vez. Volvió a levantarse y le gritó al toro: «¡No me duele, no me duele!» Después de ésta, se desmayó y consiguieron quitárselo al toro.

Subimos al paseo del Prado. Bilbao se agarró a la verja

del Botánico con las dos manos. Creí que iba a hacer fuerza, en un gesto de tirarlas abajo. Pero sólo apretó los puños, los brazos flojos.

—Es demasiado grande —dijo.

No se me ocurrían siquiera cosas inútiles para sosegarle. Veía un Bilbao a retazos, rasgado en otros que yo había conocido. El de la Vuelta a Salamanca, el que orinó sangre, el veterano que acompañaba como una institución, el celador, el que dormía con los ojos abiertos, el de ahora.

Soltó la verja y se llevó las manos a la melena roja.

—Ahora es como el final de una prueba. Hay que dar el tirón.

Cambió de pronto, al mirarme:

—Corazón de Plata...

Se le escapó a través de una sonrisa que se zafaba mal de la tristeza.

—Charro, me voy a morir.

No pude decirle nada. No podía.

—Me voy a morir quieto en una esquina, viendo pasar la gente. Y si pasa Marisa, entonces...

La calle era de cartón, el museo una tela pintada, a Bilbao y a mí nos movían con hilos desde la copa de los árboles.

El morir era sólo que alguien dejaba caer los hilos y el trapo del muñeco se desplomaba. O que se rajaba el cartón del suelo. O que la tela de los edificios se descolgaba y nos asfixiaba.

Yo no podía hacer nada.

Nada.

Bilbao se puso contra una esquina.

—A lo mejor, en la esquina donde yo me ponga no pasa la gente.

Se estaba enredando en el látigo de su soledad. Una palabra, decirle «déjalo», ¿bastaría? ¿No me conmovía el sufrimiento?

Permaneció allí. Enfrente, yo le contemplaba como a un arabesco indescriptible.

—La esquina me funde y entonces soy de piedra. ¿No te parece, Charro?

Rozó con la mano la arista afilada de la piedra.

Yo imaginé otra cosa: la esquina se clavaba en la espalda de Bilbao, le iba partiendo por detrás y se quejaba con un murmullo.

—Me voy a morir aquí.

La esquina avanzaba. El cuchillo tocaba las costuras del cuerpo.

Esperaba sentir su agonía como algo cercano, que no se inmutaba en mi presencia.

No era curiosidad, sólo saber que estaba allí y que yo no haría nada porque nada sucedía verdaderamente.

La esperanza se esfumó. Bilbao se tapó la cara y sollozaba a gritos.

Nada en mí, si no se cuenta el sordo despecho contra Bilbao porque me había escamoteado su forma de morir. Yo quería pasar el umbral, la prueba definitiva de que yo no estaba existiendo en aquel día acabado.

La muerte tan muda como yo.

Después, todo, nada, daría igual. En el torbellino, en la hondura, sin tener, ni querer. El tobogán, ¡zum!, que lo atravesaba todo, golpe a golpe, hasta ese lugar donde la muerte es cosa insignificante.

Tan insignificante como yo mismo. Tan inerte.

Ni una palabra en el cántaro vacío.

Una nada, un hueco que ni siquiera tenía ese nombre.

Por eso, dudo de que fuera yo el que alargó una mano tranquilizadora y tardía a la cabeza de Bilbao, y de que fuera Bilbao ese que me miró desorbitado y luego salió corriendo.

¡Zum!

CRISIS XII

Llevaba el cansancio de buscar a Teresa y no querer encontrarla. Era un enloquecimiento. Sucedía que no hallaba palabras ni recursos que pudieran retenerla, y verla era sufrir esa destemplanza de impotente. Luchaba por acostumbrarme a eso y no podía acostumbrarme. Y de buscarla, no podía desacostumbrarme.

Entré en casa y sentí el restregar de estropajo sobre el fogón. Dejé los libros encima de la cama de mi habitación. El estropajo no paraba. Me extrañó que mi madre lo estuviera utilizando antes de la comida.

La encontré con las manos enrojecidas y no volvió la cara. La mesa estaba vacía y eran más de las dos.

—¿No ha llegado?

No tuve respuesta. Llevaba la bata de nylon, sin delantal, y daba la impresión de estar fregando desde que se levantara.

Miré a mi alrededor. Todo estaba como siempre, pero yo respiraba un orden distinto, como si todo hubiera sido colocado y limpiando más de dos veces. Del hule habían desaparecido las rayas de bolígrafo que se escapaban de mi aburrimiento de vez en cuando.

Ella siempre había dicho que, después de un tiempo, no se podían quitar.

—Madre, ¿no ha llegado?

Me decidí a poner los platos y los cubiertos. Me detuve cuando pensé que no me atrevería a colocar solamente dos platos.

Sólo pensaba en mi madre. En nada de lo demás. Sólo en aquella persona que un día salió detrás de los gitanos por el camino de Extremadura y que regresó con un puñado de pesetas. Esa persona que tenía un silencio para cada cosa después de haberla hecho. Había observado cómo las manos se le iban poniendo grandes y las uñas se le endurecían con el agua y la sosa de la tintorería. Recordaba las fotografías de una muchacha de Santander con la cara fina y los labios con una punta de carmín, un vestido con babero blanco y la suavidad de un cuello más blanco que el babero. Aquel cuello se podía tocar.

—Madre...

La cogí por la muñeca e intenté quitarle el estropajo, pero lo sujetaba con una fuerza que no me atrevía a violentar. Me quedé con unas hilachas en la mano.

—El fogón ya está limpio. De verdad.

No lo soltaba.

—¡Está limpio!

Hundió más la cabeza, como si quisiera fijarse en detalle.

—De verdad, anda...

Se apoyó en la barra y cruzó los pies en un desfondarse instantáneo que aproveché para quitarle el estropajo. Hizo un garabato largo sobre la plancha y luego dejó quieto el dedo, vertical, como si tuviera que poner un punto en aquella firma o en aquel mensaje que se tragaba el hierro. Aquello le servía para no levantar la vista y no enseñarme la neblina de los ojos. No el llanto, sino la cortina de agua estancada que le llovía por adentro. Neblina.

A mi padre le había aterrizado una idea, un proyecto repleto de pesados fantasmas que se le instalaron en el cerebro. Como estábamos a punto de saber, los fantasmas de mi padre eran oscuras estrategemas, coartadas.

En aquella ciudad, los taxis eran la fachada de negocios que tenían que ver con la proximidad de la frontera portuguesa. Estraperlo, pasajeros de incógnito o ambas cosas a la vez, que pasaban al otro lado por caminos vecinales, monte a traviesa, y que se zafaban de una vigilancia escasa con ardides numerosos y desconocidos. Los dividendos tenían la importancia equivalente de una flota de taxis absolutamente inútiles, que dormitaban durante el día en las desocupadas calles de la población y que despertaban con ruidosa ligereza al llegar la noche. El café era sólo el menos rentable de todos los negocios posibles. Y en Ciudad Rodrigo se bebía café portugués hasta en el refectorio del Seminario.

Mi padre se agenció un Dodge verde manzana y compró una licencia a medias con el individuo que le proporcionó el coche. Coche gratis y negocio al cincuenta por ciento.

A ella le costó una semana sonsacarle las intenciones de la fantástica empresa que, en sus manos, nos anticipaba más que medianas inquietudes.

Al cabo de un discurso claro como una alcantarilla abandonada se persuadió a sí mismo de que la idea era casi tan brillante como la de los perfumes sin olor, pero increíblemente más ventajosa. Efectivamente, costaba trabajo creerlo. De él, por lo menos.

Durante el primer mes, a casa traía algunas chucherías y muy poco dinero. Se las arreglaba para echar las culpas al otro, que era el que conseguía los trabajos.

Nos miraba con recelo de perseguido, sospechando amargas reservas de nuestra parte. En realidad, nos bastaba con que la previsible tragedia no rebasara cierto calibre. En cuanto a las chucherías, bisutería revendible, café, algo de ropa, conservas, nos conformaban por demasiado gratuitas y por la falta que hacían.

No necesitábamos más inquisiciones. Aquel hombre era ya un extraño, en lo que a mí se refería. Mi madre sofocaba sus pensares en la almohada y si la mojó con alguna lágrima, a la mañana siguiente estaba ya seca para cuando él volvía.

Se levantaba al mediodía, de humores diversos. Le irritaban de igual modo las preguntas y el silencio. Sólo la complacencia, con unos tragos de vino, le volvían sereno y locuaz. Contaba hazañas un tanto risibles de campeón del estraperlo. Clientes que se resistían a pagar, al final del trayecto. El brillo lunar y amenazante del charol de los tricornios. Persecuciones y trampas. Pinchazos en lo abandonado del monte. Una pistola en la guantera de la época de la guerra, con esparadrapo alrededor de la culata para sujetar las lascas.

Mi madre escuchó lo de la pistola con sobrecogimiento infantil. Me dio pena ver las ataduras que la sujetaban, casi con crueldad, a las supercherías del extintorero.

Nada podía hacer por callarle a él o porque ella se librara de los nudos de su tormento. Yo era un paisano que encuentra cada día un asiento libre en la mesa y contempla el pausado exterminio de los comensales.

Con el tiempo, las ganancias no aumentaron, pero las aventuras se desorbitaban como el gas de un globo demasiado inflado que puede estallar.

No necesitaba el vino ni nuestro asentimiento para comenzar. El tableteo de las ametralladoras o los campos minados, eran la parte más inocua del escenario.

Era importante escucharlo. Incluso mi madre, resistía sus relatos por pura y sometida cortesía.

Las historias se entremezclaban y, sobre todo, se repetían. Después de tres o cuatro días, o a veces de un solo día, volvía un mismo cuento que hacía más daño que la primera vez. La misma historia descabellada con los mismos ropajes y las mismas palabras. Era como si la memoria se le hubiera roto y la fantasía tuviera más poder que él.

Sin memoria, nuestro papel era el de oyentes casuales. Quizá ya no podía ver los que éramos en realidad, esos seres cercanos que tienen derecho a la verdad desde el momento en que pueden ahogarse en una misma locura.

Sospechaba que se repetía a sí mismo lo que nos repetía a nosotros con un sentimiento subterráneo: que ya no estábamos allí y que él tampoco lo estaba.

Le escudriñé para esperar que algo le delatara finalmente, provocando una confesión de lo escondido en la oscuridad de sus delirios. Me sorprendieron otras cosas: el encanecimiento, la vejez que le surcaba la cara como un velero astillado. Me di cuenta de que ésa era la primera vez que le miraba desde que decidí su muerte en la cafetería de Salamanca.

Pensé que el tiempo era un golpe de vista, algo brusco que apedreaba los ojos. Los años corren, pero la mirada sólo les dedica un instante.

Aquel viejo se quería despedir. Nos había llevado atados a su cuerda por la vida y ahora se quería despedir. Tijeretazo y adiós. En paz. Pero quedaban las marcas de la atadura y escocían. Escocían tanto que costaba pensar en algo, en pedir explicaciones. Lo único era frotarse las muñecas y apaciguar el escozor.

Al principio pensamos en llamar a la Guardia de Fronteras, pero sería llamar la atención sobre él si no estaba detenido. Además, nos lo habrían notificado.

Ella preguntó a Santos, el socio, y le dijo que no sabía nada, pero que podía estar esperando algo para volver cargado. La contestación sonaba a escaramuza.

Por fin, aquella mañana yo había visto el Dodge verde manzana aparcado enfrente del hospicio. No se lo había dicho todavía.

—Voy a ver a Santos, a lo mejor tiene noticias.

—Voy también.

—No hace falta, seguramente estará como nosotros. Vuelvo en seguida.

—Yo voy.

Santos vivía en una casucha blanca en el camino del cementerio, por la parte de detrás del hospicio. El paseo de castaños se quedaba a un lado y se entraba por una vereda con morales.

Nos recibió masticando. Abrió el entrepaño alto de la puerta y no salió. La grasa escondía los ojos de culebra.

Quería hablar yo.

—He visto el Dodge. ¿Dónde está mi padre?

Dejó de masticar y hundió las manos en los bolsillos del pantalón de mahón. Pasó la vista por el paño raído del abrigo de mi madre y por las zapatillas. Al dirigirse a mí semicerró los ojos.

—Yo tenía un negocio con tu padre. Lo demás es asunto suyo.

Dijo «tenía». Avanzábamos.

—Oye, Santos, que la Policía está a dos manzanas y nosotros tenemos que preguntar. ¿No te parece?

Sabía que no era una amenaza. Tragó y chascó la lengua.

—Señora, yo no soy quién.

Mi madre aguantó el golpe. Le salió una voz sin peso.

—Dígamelo usted, se lo pido...

La cara de Santos pareció más humana.

—Ha dejado el coche, yo no sé dónde está. Eso sí, me advirtió que no se lo contara en seguida a su familia. Un par de días o tres, me dijo. Ha sacado una buena tajada, ¿sabe? Yo también tengo lo mío, claro. Bueno, eso a usted no le interesa. En fin...

El abrigo de mi madre era algo áspero, una tiesura de años de uso. Lo cogí con miedo y lo fui apretando poco a poco. Yo no sabía hacer aquellas cosas. Pero si ella se desmoronaba yo tenía que poner las manos, aunque después se fuera la arena entre los dedos. Arena lo que fue sangre llena de impulsos, una sangre no tan extraña.

Bajé las persianas de su habitación. Mientras lo hacía, me miró desde la cama con los ojos muy abiertos. Puede que sintiera mi presencia como nunca hasta ese momento. Me necesitaba, pero la soledad es una casa oscura con todas las puertas abiertas y en la que nadie se atreve a entrar.

Me fui. Su silencio de años, me impedía ahora consolarla con palabras. Las palabras son cosas que se tienen en común o que no existen.

Levanté el pestillo de la tintorería y entorné la cristalera en la que decía «Limpieza en seco». Me había pedido que atendiera la recogida. Había un par de trajes en la barra y un abrigo teñido de negro. Era raro que dos clientes entraran en un mismo día. De los dos, uno preguntaba el precio y no volvía.

El olor a cartón del táblex y la humedad se me hicieron intolerables. Hubo un tiempo en que un fox-terrier guardaba el lugar. Entonces olía también a perro.

Cuando era pequeño, mataba el tiempo dibujando pistoleros de caras torvas en el papel de envolver.

Otras veces imaginaba al cliente demasiado satisfecho de la limpieza que le habían hecho en la prenda, al que yo convencía de todo lo contrario. Me salía esa perversidad por la rabia de estar allí dentro.

Aparté la cortina que daba a la nave. Siempre me pareció un callejón oscuro con riadas en las que chapoteaban las manos y los pies.

La lavadora, la mesa del cepillado, las tinajas de cemento, las calderas, la platina apenas alumbrados por el ventanuco del corral. En aquella tiniebla habían vivido tres personas y les había impedido verse.

Imaginé. Un túnel ciego que dos personas recorren sin parar. Se tropiezan y siguen. Tiempo y tiempo. Tropezar y tropezar, a veces en seguida, a veces, no. Nunca sabrán cuántas personas hay en ese túnel.

El túnel, además, se estaba derrumbando. No sabía por qué las cosas se acababan pareciendo a la propia vida. La humedad hacía saltar en grandes mapas la cal de la pared. Caía al suelo y allí se desintegraba a su capricho. Agujeros como estrellas o como manotazos en el cielo raso dejaban ver directamente el tejado. Las cañerías del vapor, a media altura, se arqueaban en una especie de sueño oxidado.

La lucerna de detrás ponía el otro suspiro de luz sobre la hilera abandonada de frascos de perfume. Los colores se habían desprendido y marchado al fondo. Arriba quedaba un agua de tintes sucios, con sombras como peces muertos.

Sin prisa, los fui volcando sobre la repisa. Los chorretes murieron en la pared, todos de un mismo tono. Le recordé tratando de convencerme de que eran diferentes.

Volví a atravesar la nave. Me cercioré de las mismas cosas. El aire que respiraba olía a tiempo vivido y perdido. ¿Con qué derecho se había marchado?

Para ella sería su cárcel si, después de todo, decidía tomar el último tren de su vida. Para mí, el testimonio de que hay sufrimientos inútiles que dejan un rencor hueco y desproporcionado por todo lo demás. Rencor como el que yo sentía por todo, hasta por la ausencia de Teresa. Rencor porque la existencia no acababa como las competiciones, en una cuerda de meta.

No había distancias. Había un pistoletazo que daba la salida y luego todos desaparecían. El trayecto se lo inventaba uno y uno decidía cuál era el momento de pararse. Para este atleta solo, no había records ni premios. Como mucho, un corazón más grande, unos pulmones más profundos que le permitieran seguir más lejos que los otros. Pero ni los otros ni él lo sabrían nunca.

Me apoyé en la platina y me tapé la cara, como si así pudiera detener la velocidad de mis pensamientos. Por la ranura de las manos descubrí la lata de gasolina que se utilizaba para manchas imposibles. Con aquellos dos litros sería suficiente.

Desenronqué el tapón. Siempre me había gustado el olor a gasolina. En el cuarto de la caldera había pilas de leña de encina. También sobre el táblex o sobre la ropa. O en cualquier otro lugar. Saltaría por el corral.

—¿Qué haces? —mi madre me miró sin comprender.
—Puedes marcharte, si quieres. Tengo que marcar.

Se sentó en el vestíbulo y sacó las tijeras y la tira de papel. No había nada que marcar. Pero ya no se lo diría, como cuando limpiaba el fogón.

Me puse el chandal y salí por el camino de San Giraldo, como si la tarde fuera a acabarse. Lo importante era que yo no estaba allí, ni en otra parte, ni siquiera en Teresa.

Ya sabía que no había premio.

CRISIS XIII

Me recibieron como pedía el caso. Siguieron atándose las zapatillas y el anorak o extendiendo la pomada por las viejas lesiones. Una especie de saludo jocoso y unánime que es como los atletas reciben a un resucitado.

La «cuadra» estaba al completo: Barrachina, Fernández Arminio, Sanse, Guerri, Ceballo, Almaraz, Médicis, Cara de Palo, Colás «El Viejo» y Lucio. Aparte, dos juveniles descolgados con nombre perdido. Faltaba Bilbao, y Barbeitos esperaba en su despacho del monte.

Becerril se quedó con una mueca complacida de medio labio, con la que todavía le encontré a la vuelta. Media cabeza pensando eternamente en los goles y el botijo de Belgrado. Su vida seguía rematando a botepronto a una red podrida.

Todo seguía allí, incluso el olor a sudor sólido del sótano del gimnasio, los bancos incómodos, la bota de vino a un lado del mostrador.

—Este también empieza hoy —dijo el conserje señalando a Lucio con el pitillo de la boca.

Nos echamos encima el cansancio de los ojos y seguimos con lo nuestro. Ni siquiera iniciamos un gesto contemporizador para desatascar los hierros del encuentro.

Más tarde, mientras arrastraba el cuerpo como un carro cuesta arriba, camino del circuito, Colás «El Viejo» me contaría lo de Lucio. Le apodaban El Viejo porque corría achepado y tenía cojeras en las «pájaras», que invitaban al menos misericordioso a sacarle un bastón de donde fuera. Es un decir.

Salió de aquélla difunto, que no veía y todas esas cosas. La ceguera fue más cosa de la rabia que del cortocircuito de adentro, según Colás. Barbeitos decretó lo de siempre y, al cabo, volvió Lucio.

—¿Sabes lo que dijo? Ya es tener imaginación, ya. Yo hubiera tenido que pensar un año.

—¿Qué dijo? Y no te líes, Colás.

—Ni idea, ¿a qué no? Pues, oye, como suena, ahí va: ¡que no encontraba el suelo!

—Te lo inventas, Colás.

—¡Carajo, me lo invento! ¿Y lo que dijo Barbeitos?

—A ver.

—Pues le dijo que lo buscara despacio, que era la mejor manera. Es bueno, ¿eh?

—Muy bueno, sí señor.

—El Lucio va, lo mira tranquilo, sin la cosquilla del chiste, y le pregunta. ¿A que no sabes lo que le pregunta?

—¡Que te den por el saco, Colás!

—Bueno, hombre, ¿lo sabes o no?

—Cómo puñetas lo voy a saber...

—Tente tieso: que cuándo vuelves tú. Y Barbeitos, que a lo peor no vuelves nunca. Y el Lucio que, cuando tú volvieras, él volvía. El jefe se marchó quitando con la mano moscas que no había.

Cuando salíamos del vestuario, Bilbao entraba. Nunca le había visto en la sesión de la mañana. El Viejo adivinó:

—¿Cuándo duerme?

Bilbao en las dos sesiones, mañana y tarde, era todo un anticipo de lo que pasaba por su cabeza. Se hizo a un lado en la escalera y dejó que nos fuéramos. No pude verle la cara porque inmediatamente giró y se metió dentro.

Tomamos un trecho de la vía hasta el Club de Campo. Allí torcimos a la izquierda y vadeamos las lomas. En la puentecilla miré hacia atrás y descubrí a Bilbao atajando por la carretera.

La gente condescendió a un trotar blando y fácil, lejos del apuro. Todas las piernas por delante de las mías iban muelles, besando la hierba en mucho silencio. Las punteras rozaban el piso y casi en el roce se impulsaban de nuevo. Los troncos en reposo, divididos del esfuerzo de las piernas. Sentía los otros corazones bombeando lisamente la sangre con un pálpito perezoso. La música estaba adentro, monótona, la de siempre, pero música, al fin y al cabo, afinada por la inspiración del cuerpo.

En mí, todo sonaba al contrario. Lo peor era el tambor de las pisadas, que a veces redoblaban con las de Lucio. Hubiera huido de allí si no fuera porque la fuga no ahogaría mi ruido. Y en el pecho, cachibaches de todas clases, guerra civil del corazón con los pulmones, de las tripas con el estómago. Artillería oxidada.

La boca ya largaba el aire como un sifón cuando avistamos el circuito. Sé que la vergüenza no era tanta como la extrañeza. Una media de quinientos kilómetros mensuales. Doce meses, seis mil. Once años, sesenta y seis mil. Sesenta y seis mil kilómetros. Dos veces seis y además tres ceros, largos, corridos, vuelta y media a la tierra. En menos de cuatro años habría dado la vuelta al mundo por segunda vez sin moverme del sitio.

Lo importante era otra cosa. Tres meses de inactividad y las piernas habían perdido la derrota. No era el peso, la dureza, la falta de entrenamiento de los músculos, empezando por el del corazón, lo que echaba de menos. Era el sentido, la manera, que estaba perdida. Esa forma que está en el forro de la conciencia y que, aunque marchen mal las piernas, les va dictando un «cómo», un «porqué», un «así», el sistema de sacudirse el espanto cuando las cosas no funcionan, cuando no se es como se era, pero todavía se quiere y se puede ser.

Sesenta y seis mil kilómetros de laberinto perfecto en el que no existe camino verdadero para la salida porque no hay salida y, de nuevo, lo realmente importante era que en alguno de sus pasillos angulados, rota como un espejo contra el suelo, figuraba aquella conciencia, la caja negra de las catástrofes aéreas donde están escritos los secretos y paraderos.

Lo percibí apenas alcé la rodilla en el primer impulso. Antes de resoplar, de los tamborazos en el suelo, ya había notado la perforación, fría como un diamante, que se estaba instalando en los tuétanos del corredor, aunque fuera un corredor de media distancia.

Lo percibí, pero había preferido escuchar a Colás «El Viejo», mirar hacia atrás con la sospecha de Bilbao, reírme de Lucio, antes que descolgarme por la seguridad, por la sentencia terrible de que era un corredor que lo había olvidado todo, de que, en resumidas cuentas, ya no era un corredor y de que lo próximo, fuera lo que fuera, llegara tarde o temprano, sería lo fatal y lo último. Ni siquiera tendría tiempo para decir adiós.

Me desconcertó el pavor de que alguien lo descubriera. Ese miedo fue mayor que todos los sufridos hasta entonces. Apreté los puños y me enjugué el sudor de las manos.

Apareció Bilbao como una flecha.
—Estupendo. Ya estamos todos, como en el Juicio Final.

Barbeitos saludaba desde el coche, con displicencia. Utilizaba su ironía como una forma de apartarse. Luego pensé que su miedo era el más espeso de todos, el más difícil de escupir. Recordé lo que contó Bilbao en la pensión.

—A estirarse y a crujir. Venga, por la pendiente media docena de cambios. Nada de esquiar. Rodillas altas —titubeaba la energía de la voz.

Veinte metros de cuesta que, tanto para Lucio como para mí, se nos hacían imposibles sin cuerdas y piolet. Lucio bajaba andando sujetándose las caderas. Estaba mal, como yo. Barbeitos implacable.

—Ahora que ya has encontrado el suelo, podemos comprarte el taca-taca. Ya sabes, una cosa con ruedas y calzoncillos incorporados.

Lucio repitió sin volverse. Era un hombre de idea, una sola y sin compañía. La de ahora tenía un antojo que se me escapaba.

Estábamos acabando cuando apareció el jinete. Barbeitos dio la espalda y se dirigió a él. Aunque continuamos con los ejercicios, el ambiente se enrareció. Había flor amarga en el aire. En la brusquedad de las torsiones, en el exceso de ejercicios de brazo, se desvelaba la impaciencia. Cuando los atletas quieren pensar sólo trabajan de cintura para arriba. Las piernas exigen su concentración directamente al cerebro. Una docena de cavilaciones se anudaban como mimbres alrededor de un mismo fondo.

Hizo casi la media hora y Barbeitos no volvía. Yo le sospechaba espiando por el rabillo, vigilante como un reo. Había locura en el desaire. Se volvía difícil entender.

De pronto, Guerri hizo un gesto con la mano y se marchó. Fue la última vez que le vimos. Cara de Palo tardó cinco minutos más. Al final, se marchó también Almaraz. Este, con un adiós de tristeza, porque se llevaba con Barbeitos desde pequeño y eran vecinos.

Detrás de Lucio y de mí, era la gente con más posibilidades. Iban varios años por detrás y en el ochocientos ya no les ganábamos. En el kilómetro y medio, Guerri y Cara de Palo habían bajado de los cuatro minutos en juveniles. Almaraz hizo tres cincuenta y seis el primer año de junior en una progresión prodigiosa.

Yo prefería a Cara de Palo. Su manera de sujetar el sufrimiento le había valido el mote. Tenía madera y un segundo aliento fuera de toda profundidad. Un becario de la Universidad que encontraba tiempo para todo. También era envidia.

A ninguno volvimos a ver.

Que se fueran justo ese día, era de prever. Estábamos todos, «como en el Juicio Final», había dicho Barbeitos. Apuntalar el edificio o que se viniera abajo. La indiferencia de Barbeitos, no la ausencia, era la bola de demolición. Y Barbeitos dejaba que el trabajo de años se fuera a pique y, por tanto, él se fuera a pique.

Por qué. Cuál es el número de fracasos que impiden para siempre la esperanza. Cuál es el número de desgracias que corta el cuajo de los sentimientos.

No se sabe antes, sólo después. Una vez que es como las otras y de repente el precipicio. Y para que el golpe no duela (los paracaídas no se abren), se baja con el corazón en la mano, estrangulándolo. Con suerte, cuando se llega abajo, ya no hay ni una sola gota de sangre que perder.

Barbeitos volvió para seguir estrangulando. Su dolor le dolía menos, porque él era su propio cuchillo.

—Vaya, a lo que cuento, somos algunos menos.

Se frotó las manos con una sonrisa gélida. Miró el cielo con sus gafas oscuras y levantó la caperuza del impermeable. Luego pasó entre nosotros sin dirigirse a nadie. Se le hundían todos los tabiques, pero ya no podía parar.

—Guerri, Almaraz y Cara de Palo —informó Ceballos.

—¿Y nadie más?

Todos se preguntaron con los ojos, menos Lucio, Bilbao y yo, que éramos caballos de cartón.

—¿Cómo que nadie más? —preguntó Colás.

—¿Es que nos echas? —fue Fernández Arminio, el más apocado de todos.

—¡Yo no echo a nadie, a nadie! —los «nadie», silabeados.

—Esto es un club, con una ficha. Cada uno puede romperla cuando quiera, pero yo no echo a nadie.

—Entonces qué pasa, Barbeitos —volvió Ceballos.

—Nada de nada, no pasa nada.

—¿Nada? —fue Sanse, esta vez.

Barbeitos no respondió. Se volvió hacia un lado, hacia el camino por donde se marchó el jinete. Siguió la desfigurada imagen del que se había ido. O, quizá, alguna otra desfigurada imagen que saltaba en la vaguedad de la distancia obstáculos con limpieza de sueño.

—Nada. No sé qué tiene que pasar.

Sé que nosotros tres mirábamos la escena como si sucediera bajo el toldo de un teatro ambulante, fríos y sin sorpresa, volteando la alcancía en la que no sonaba nada. Y volteando.

Ahora, todo el mundo esperaba algo, un trueno o un ciclón que anegara la inutilidad de las palabras. El silencio venía detrás de lo inservible. Los pájaros, el abanico de los árboles, el sordo pedaleo del cielo, las esquilas de un rebaño invisible, entraban como testigos por la bóveda inhabitable que habían dejado las palabras.

Todos habíamos pensado en irnos y todos permanecíamos. Siempre que sucedía lo imposible o lo indeseable los pies echaban cadenas. Nadie podía cambiarse de glorieta, ni de mundo, ni de entrenador, hasta no haber comprendido. Aunque ya nadie tuviera nada que decir.

—¿Qué hacemos? —pregunté a Barbeitos, pensando que aquella era una forma de moverse.
—Rodar.
—Quiénes.
—Vosotros tres.
—¿Y nosotros?
—Lo que diga el plan.
—Esta semana no ha habido tarjeta.
—Lo de la pasada.

Nos marchamos, que era lo que había que hacer. Los grupos se esparcieron por el bosque y Bilbao marcó nuestro ritmo a su costumbre, hacia la muralla y la perdida del campo.

El suelo tupido de primavera nos acomodó el paso. La primavera significaba la primera fase de la temporada de pista. Se comenzaba con la competición escolar en la que los clubs se camuflaban en las Facultades. El Madrid competía como aquipo de la Facultad de Arquitectura de la Complutense.

La pretemporada definía las titularidades de cara a la competición de la Liga de clubs en verano.

Pretemporadas, temporadas, bajas temporadas... Ligas, titulares... Para ninguno de nosotros tres iba a durar tanto la agonía.

Lucio me había esperado: ya no miraba a lo lejos, al futuro de los años, a las becas. Había visto negro, había extraviado el suelo. Se le salían las zapatillas por un camino de nubes. Erraba por una idea que era la última, porque después iba a tener que volver la página de la fatiga.

Lucio me esperaba a mí. Los dos con las manos vacías metiéndolas en el mismo porvenir. Los dos sin tierra en medio: él extraviado, yo ya no era corredor. Por eso, la primera vez, la primera prueba sería también la última. Buscaba su propio y digno epitafio para recordar.

Me esperaba en su negrura.

Bilbao sabía lo mismo, lo sabía de antes, sólo que ahora era el momento. Si perdía una vez más, se perdía, puesto que ya lo tenía todo perdido. Nuestra última era también su última, como era para todos la próxima. Quizá su pensamiento extravagaba por más lados; como dijo en la pensión, tenía que quedarse en alguna casa.

Pasamos las dos horas siguientes en tres silencios distintos que se especulaban. Los kilómetros pasaban sin dejar su mella. No dijimos nada. Nadie preguntó, nadie hizo una señal, nadie eligió un camino.

Barbeitos dejaba que se fueran yendo los que no se habían ido. Con nosotros no iba, porque ya no estábamos. Aquel campo lleno de tiempo no acababa en ninguna parte. En ningún proyecto.

Así que, cuando Bilbao giró para volver sin pedir consentimiento, no nos pudo importar nada, a sabiendas de que la palabra «fin» estaba más sucia que los recuerdos y el esfuerzo era un pretexto que entretenía la espera.

CRISIS XIV

El exboxeador se había marchado, pero yo no sentía tristeza. Por lo menos esa tristeza parecida al mudarse de un cuarto cómodo a otro infecto donde es preciso instalarse y, sin embargo, los muebles ya no encajan, los mismos muebles, y tampoco habrá otro cuarto en mucho tiempo.

No sentía tristeza porque tampoco podía recordarle bien. Y si no le recordaba, podía ser que no le hubiera conocido.

En todo caso, la vida de mi madre y la mía seguían dando vueltas con la manivela que él se había llevado.

No era capaz de pensar en otra cosa mientras hojeaba el cuaderno pegajoso donde Vidal anotaba elucubraciones. Entre las dos tapas, mi amigo se escurría prodigiosamente muchas horas al día. Cuando le daba una inspiración, era persona que no entendía obstáculos.

Escribía por las noches en el internado, sentado en la cama, a la luz de una vela que dejaba estampados de cera en la cuartilla. Escribía en mitad de una demostración matemática, saltándose limpiamente la mirada inhóspita del docente. Escribía durante las comidas. Interrumpía los exámenes y escribía. Escribía andando.

—Sólo me resulta imposible escribir cuando tengo demasiado tiempo libre o cuando no estoy haciendo nada —dijo en una ocasión.

La fiebre le venía en medio de actividades enemigas, como él las llamaba, y se defendía con chispas de la imaginación.

Después de alguna calentura, Vidal solía ponerme el cuaderno delante de la nariz abierto por el párrafo en cuestión. La ansiedad le hacía más transparente la cara.

El bolígrafo había sido apretado hasta la última fibra del papel y, como escribía por las dos caras, la página quedaba maltrecha, envejecida prematuramente.

La letra de Vidal eran borrones esparcidos por el renglón que se tendían rayas y manos para no separarse del todo. Cada palabra se parecía a su autor: había un desconyuntamiento que saltaba en seguida a la vista. Además de eso, daban la gruesa impresión de pote indigerible que llenaba el estómago sólo con la presencia.

—No sé si lo entiendo, Vidal.
—Pues es lo que dice, nada más.
—Es que ése es el problema.
—Cuál.
—Lo que dices.

No se desanimaba. Lo repetía en voz alta, entonando, insistiendo, hiriendo con la voz. Pero yo no entendía mejor y la conversación volvía.

Vidal vibraba y moría en su cuaderno, volcado en tumulto sobre él.

—Aquí sólo está lo esencial —solía decir.
—Por qué lo esencial —otra vez no lo entendía.
—Porque lo demás sobra y, aparte, es que las cosas son ligeras, pero las palabras, no. Son todo lo que cuenta.
—No sé, Vidal.

Necesitaba ser leído. Que le entendieran o no, era terciario (nunca decía secundario).

Estábamos en el último año del Instituto y las palabras tenían la importancia de lo que está por acabarse. A las semanas, cada uno derrotaría por andurriales distintos. Hablábamos mucho, y más deprisa, y todo sonaba de otra manera, aun siendo las mismas cosas de siempre. No se escapaba nada. Los días se iban en el remolino, a la vez que sabíamos que, de aquel modo, lo importante acaba por escurrirse.

El cuaderno de Vidal estaba entre mis manos distraídamente, pero como una necesidad distraída.

—Me acuerdo de tu punto de fuga.
—Ah, sí, eso anda por ahí —señaló el cuaderno.

—Irse, ser otro.

—Tengo planes suficientes para hacer un fichero. Hay planes que si no se apuntan, se olvidan. Después resulta que son los mejores.

—Yo no tengo ninguno. Bueno, alguno vago.

Mirábamos rincones diferentes del aula. En esos tiempos la conversación era más fuerte que el recreo y no llegábamos a salir. El aula vacía nos adelantaba el futuro, sabiendo que se acercaba un instante en el que abrir la puerta no sería comenzar un recreo, sino abrir simplemente la puerta con la consigna inevitable de no volver la cabeza.

—No hay que ser vago. Te puedes venir conmigo a Norteamérica.

Norteamérica, allí y entonces, me pareció un tropiezo de la fantasía de Vidal. Pero un tropiezo lleno de toda la importancia: a lo peor, lo último que se decía era lo que se hacía.

—Está muy lejos.

—Entiendo; pero yo estoy más lejos aquí.

—Tú siempre haces algo para estar lejos de donde estás.

—Quién fue a hablar. De todas formas, ahora no podemos quedarnos lejos aquí, hay que irse a otra parte para quedarse lejos allí.

—O sea, que ya nos hemos ido.

—Falta cerrar un trámite.

—Qué trámite.

—Facturar el equipaje.

—No entiendo.

—Ese equipaje que se queda siempre donde nosotros no estamos.

Le gustaba enredarse. Usaba el hilo de la conversación para atarse con él. Su profesión era coger marañas: todo tenía que parecerse a él mismo.

—Norteamérica es una escuela para los falsificadores. Los carniceros de mi pueblo dicen que para aprender a cortar filetes hay que irse a Madrid. Pues para falsificar hay que irse a Norteamérica.

Notaba cosas raras en el cuaderno. Las letras eran cada vez más grandes. Llegaron páginas en que sólo cabían una docena.

—Hace poco murió uno muy bueno, creo que era

francés, que se había ido muy joven allí. Tenía siete rolls y una casa en todas las capitales europeas.

La caligrafía se agigantaba. Apenas entraba una palabra por página. Una frase: «Qué caballos sin galope me perseguirán en el aire», ocupaba nueve. La leí corriendo por las hojas y volví para atrás, asegurándome de lo que había leído.

«Qué caballos sin galope me perseguirán en el aire.»

—Falsificaba a Dalí, o a cualquiera, y se los colocaba a americanos incautos.

Los caballos seguían hasta el final del cuaderno, en su galope del aire. Lo único, que iban tan vertiginosos que ya no entraban en la carilla. Volaban a pedazos, a sílabas, a letras. A lo último, una letra en cada página. Leer lo que ya sabía era correr por el cuaderno, abofeteando cuartillas para coser una letra a otra. «Qué caballos sin galope...», aquello era todo, pero fracturado, con la rabia de un carnicero que da tajos en las nerviosidades de su pensamiento. Correr por las roturas, me parecía, para alcanzar a los caballos.

—Le cogió su goce al falseo y acabó falsificándose la cara. He visto diez fotografías y en ninguna tiene la misma. Se cebó en su vicio, que era más fuerte que él, y acabó sin cara.

Menguaba su voz al fijarse en mi sorpresa del cuaderno. Quizá pensó, al verlo en mi mano, que aquél era un secreto suyo o, quizá, que estaba en lo menos secreto de todo y no iba a quererlo explicar o, a lo mejor, no podía. Fue un sobresalto de dos.

—¿Qué es esto? —y lo pregunté a pesar de no estar decidido a preguntarlo.

Se levantó del pupitre y desplomó las manos en los bolsillos con una profundidad que me hizo pensar que iba a sacar la respuesta de los forros.

Se puso una niebla a poca distancia, entre nosotros. Los dos presentíamos por nada, como a veces son las cosas.

—Maneras de llenar un cuaderno.

Le dejaba. Sólo si él quería, entonces.

—A mí me cuesta pensar...

Hablaba. Yo no sabía si estaba decidido a explicar.

—No hay derecho a que una mañana quepa en cuatro cuartillas. Cada rabo de letra cuesta un imperio, pero después desaparece entre cien rabos distintos de una página. Le he dado a cada cosa lo que cuesta. Lo que cuesta en espacio, que es lo que a mí me cuesta en tiempo.

No sé por qué no me sedujo su ingenio de entonces. Tal vez yo no preguntaba aquello. «Respondes bien, en seguida, me había dicho Teresa, pero no sé si entiendes.» Vidal respondía bien. Las palabras eran siempre retratos suyos, aunque retratos de pintor antiguo, con el fondo opaco. Pensé en el falsificador.

—No es por eso, Vidal —dije seriamente.

Yo quería saber algo más de los caballos, por qué se corría por el cuaderno para alcanzarlos, al tiempo que ellos perseguían, aunque persiguieran en el aire, aunque persiguieran sin galope. Saber si en la doble carrera se encerraban engaños, si era una forma de decir que había cosas que nunca se decían.

Yo le preguntaba por él, por el cuaderno que no se entendía, pero que estaba lleno. Por el cuaderno que yo no podía entender y que él me enseñaba.

—Ahora no te entiendo yo a ti —respondió en seco.

Tuve la impresión rápida, como los fotogramas de película que no se ven y están allí, ciertos, de que Vidal vivía escondido y de que yo no le había conocido. El caso también del exboxeador.

—La gente no nos conocemos —solté con un pellizco de amargura.

Se me mezclaba todo, lo sabía, con la impresión nítida de que Vidal no estaba allí y de que nunca me había hablado. Su literatura como un escaparate que recibe toda la luz del sol y que la detiene también a la puerta de un sótano apagado y sin palabras.

Era todo impresión, intuición. Mi amigo era el mismo de siempre. Lo nuevo era su silencio, el de después de mi amargura.

—Nunca hablas de ti —todo lo decía para escuchar su siiencio, por más que hubiera voz en él.

—No sé por qué lo dices.

—Por ejemplo, cuando preguntabas por Teresa y por mí.

—No recuerdo que te haya preguntado.

—En la Batería.

Conversación casi dañina, mejor pararse.

Esquivaba con los ojos. Las manos seguían apuñadas en los bolsillos. Se escuchó el portón del patio para que entraran los del recreo.

—Nunca dijiste qué pensabas de lo de Teresa.

—Tampoco lo preguntaste.

—El mismo día que tú.

—No recuerdo.

Recordaba mejor que él que mi verdad no fue mejor que la suya, pero eso no era importante. Me importaba que no podía conocerle, porque yo no podía, porque él no quería. Volvía el exboxeador.

Hablaba para escuchar su silencio que, en el fondo, era mi silencio. La diferencia estaba en que yo no tenía un cuaderno ni una coartada.

No nos conocíamos, no nos entendíamos: así iba el mundo. Lo supo conmigo, a tiempo para despedirnos. Nunca hablamos de Teresa.

El enjambre entró en el aula.

—En serio, Vidal. ¿Qué harás cuando se acabe el curso?

Se desmoronó en el asiento, sin sacar las manos del bolsillo.

—Voy a quedarme con la farmacia de mi padre. Está ya viejo.

Me fui a mi sitio. Pensé en la historia del falsificador y entonces Vidal se quedó sin cara.

CRISIS XV

Debió ser por lo de Pepito. Josefa lo había contado alguna vez.

Salía de su habitación hecho un brazo de mar, todo lo quisquilloso que él era para su indumento, con la caja de dominó bajo el brazo. Atravesaba el pasillo como llevando a una novia de la mano y se iba a sentar a la mesa de la cocina.

En noches así, a Pepito le gustaba parecer alegre y hablar por los codos, sin importarle que el ama sólo le contestara de vez en cuando y sin extremos.

—No molesta la televisión, doña Pepa —y a lo mejor la señora no le había indicado nada.

—Espero que hoy no se me haga muy tarde —podía monologar también.

Las pocas bromas que Josefa le hizo la primera vez, se le borraron al pensar un poco más y comprender.

Sólo eran noches raras, de en tarde, una especie de fatiga diferente.

Abría el cajetín y lo desparramaba con mucho cuidado. El ruido era importante para Pepito: las palabras, la televisión, el hueso de las fichas eran ruidos, sobre todo.

No hablaba, ni hacía para descubrirse. Todo era tan normal como él mismo quería. O como lo fuera en otro tiempo. El ruido evitaba distinguir lo uno de lo otro.

Luego, revolvía las fichas a dos manos y con energía. Las manos de Pepito eran grandes y eficaces en ese momento. Probable que estuviera orgulloso de ellas, tan largas y pulimentadas como las de un pianista o un mago. Así las había visto antiguamente en los ojos de Rosa, cuando todo lo que nacía parecía venir de ellas, aun lo más extraordinario, de la manera más sencilla.

La magia era verse en los ojos de Rosa con sólo mover las fichas de un dominó amarillento.

Josefa sentenció al contarlo, con aquella filosofía de fuente estropeada que brotaba y se consumía de repente:

—Yo creo que nos queremos a nosotros, no a nadie, nos queremos por cómo nos ven. Por eso dicen que el amor es un engaño.

Si lo pensaba bien, ella quitaba las ganas de vivir y después, cuando se reía, se reía de los vivos y también para olvidarse de lo que había dicho. Tenía motivos, porque lo que quiso estaba muerto y sin esperanza.

Recuerdo que, para mis adentros, yo también filosofé.

—Cuando se pierde lo que se quiere, la gente se ríe o hace juegos de magia.

Yo no me reía (lo supe gracias a Bilbao, que me lo dijo sin querer en aquella tarde agria). Me miraba las manos y me preguntaba cuál era mi juego de magia.

A veces me preguntaba si yo había querido, o sea, si alguien me había visto de aquella manera que se llama amor.

Pepito tardaba en remover, duraba hasta que Josefa, por cansancio de aquello o por costumbre, apagaba la televisión. Era la señal para que se estirase de satisfacción, enseñara su chaleco jaspeado y sacase el purito de casquivana de algún forro sin arrugas.

Lo encendía de dos chupaditas y hablaba con parsimonia de granjero que contempla las mies nocturna desde su tumbona. Hablaba como no podía ser. Era sincero.

Todo continuaba un rato después. Las fichas se removían de nuevo y en las manos de Pepito volvía a brillar la magia de lo perdido.

Josefa lo había preguntado.

—¿Está usted jugando?

—No estoy tarumba, doña Pepa. Sólo remuevo. Siempre se remueven antes de jugar. Pero hoy, no creo.

—¿No remueve usted demasiado?

—Es para que no se enfríen. Si se enfrían no hay juego. Y lo tendrá que haber.

Recogía y se iba.

En la oscuridad del cuarto, yo me sacaba de los ojos una pesadilla. No era nada tremendo, nadie me perseguía, ni manoteaba en el remolino donde uno se ahoga y despierta al mismo tiempo. La escena tenía la fijeza de las fotografías, quizá más profunda, y un aire húmedo que la empañaba. Nada rebullía. La pesadilla consistía en no poder dejar de mirar.

El dominó de Pepito llegó con el despertar. En lo oscuro los ruidos tienen más volumen y parecen más claros. Podía contar el clac de cada pieza y dividir el sonido de todas por el número de fichas.

La fotografía enseñaba un túnel con un camino de piedra trabajada, como las calzadas romanas, empañado de blanco y seguía en una dirección nocturna. Noche era el paño espeso que envolvía el camino, sin un chispeo de estrella ni de nada. Me paraba a mirar. En realidad, no me paraba: lo estaba ya al abrirse la compuerta del sueño. A punto de desvanecerse venía un rumor y hacía desaparecer todo.

Durante el tiempo que miraba el túnel, sufría porque no podía averiguar dónde estaba y por qué no podía dejar de mirar. Pero en cuanto abría los ojos, recordaba el puente de Ciudad Rodrigo con los faroles sobre el empedrado y el agua y el firmamento que eran una vuelta de negrura alrededor.

Lo peor que, al volver la pesadilla, volvía a olvidar el sitio y lo terrible comenzaba de nuevo.

Pepito no paraba.

También tenía lo suficiente para no poder dejar de mirar. La única diferencia era que el puente romano a mí nunca me interesó (puede que por eso soñara con él). Lo que me había interesado ya no era ni siquiera un recuerdo de los que se destapaban con alguna coincidencia. Los recuerdos se pegaban a la piel y yo estaba seco. Tenía memoria, pero no recuerdos.

Lo había hecho sin querer, puede que por miedo. Había vivido como había corrido, por la fuerza de la costumbre, preguntándome siempre si, lo mismo que hay un umbral en el que los músculos dejan de enterarse, hay otro en el que el corazón se ausenta. Entre la «pájara», el bicho absurdo de la cabeza, y el segundo aliento, el golpe del sinsentir de la sangre.

Mi pesadilla y la de Pepito podían parecerse. Veía sus manos tan nítidas como oscura era la pesadilla. Los dos mirábamos una cosa imposible: Rosa hacía diez años, un puente soñado y sin lugar. A él le quedaba su dominó. A mí la carrera final, como a Lucio y a Bilbao, sin ser ya corredor.

Su dominó era inútil porque su espera era inútil. Mi carrera también. Fue como si yo también esperase a Rosa. Y más tarde fue una necesidad grande de Rosa, como si la hubiera estado esperando más años que Pepito, como si tuviera más derecho que él.

El dominó llegaba cada vez más claro, entrando con la agudeza de un cuchillo. Me estaba hiriendo su manía.

Encendí la lámpara, pero no hubo más paz. Empezaban a sonar distintas, no a removidas, sino a cascada, a lluvia entera.

Salté de la cama y salí. Frené en el dintel de la cocina. Todavía quedaba algo en mí que quería pensar a derechas. El caso es que no podía.

Josefa, sorprendida, me lanzó sus rayos equis. Le debieron cruzar muchas cosas por la cabeza, como la silla descuartizada y lo que amenacé a Pepito. No le gustó verme. Se predispuso.

—Es tarde para cenar.

Se acercaba con un trapo entre las manos.

—¿Hay que llamarte mañana a alguna hora?

Pepito fumaba apuntando a medio camino entre la mesa y mis pies, buscando fronteras invisibles. Las manos estaban quietas sobre el puzzle negro, rozando con las palmas y los dedos tensos y curvados hacia arriba.

—Te dejé la muda limpia en el armario, pero tráeme cuanto antes las toallas.

Dio otro paso y yo me senté de improviso a la opuesta del jugador.

—Quiero fichas.

Fue todo un momento. El guapo buscó el través de la dueña para interrogarla, aunque se detuvo al medio. Ella estaba seria como una estatua sin cara, las manos cogidas y el trapo en mitad.

Yo no buscaba nada. No tenía intenciones. Me puse en la cocina porque me pareció que no podía hacer otra cosa. Me senté porque sentarse era posible.

Ahora estaba donde estaba. Podía pedir fichas y las pedí. Lo que viniera después era algo que se iría viendo. Viendo sin más, sin temores. No se era gran cosa, no merecía la pena esquivar lo dudoso o lo peligroso. Ellos podrían entender y hacer lo que les fuera posible. Pepito sacar la pistola nacarada, coger juego, marcharse. La dueña lanzar aspavientos de socorro, darme un bofetón, seguir fregando los cacharros. Al fin y al cabo, daba igual el resultado. Debían entenderlo. Nada de averiguar, porque no teníamos nada que perder. ¿Por qué tenía que importarnos lo que sucediera? Lo más, se rompería un electrodoméstico o se mataría alguien. No era asunto nuestro, ya.

Había pedido fichas. Le tocaba a ellos.

—Charro, tú estás loco —murmuró Josefa tan cerca del otro que pareció que se lo decía a él.

—A la fuerza —apostilló el elegante con más voz, como si le escuchara un público.

Apagó el purito con delicadeza. Eso le obligó a levantar las manos del dominó y yo pude tomar mis siete parejas y ponerlas de pie con enfado ruidoso. Estar loco era salirse solo. Se trataba de hacer algo, de ir resolviendo. Los locos apuestan solos y allí sumábamos tres. La vida se ocupaba de los hechos, de resolver.

Más dulce, como precavida, Josefa me dijo lo último que podía decir.

—Las cosas no son así, chiquillo.

Pero las cosas eran así. No podía volver a mi cuarto y aguantar el martilleo y la mezcla. No podía esperar a Rosa, sacudirme aquella necesidad que venía de las manos de Pepito.

Hice petaca en la mano con las siete fichas, sin descolocarlas, y comencé una percusión sobre la mesa imitando a un reloj, una prisa de que alguien hiciera algo y bastasen por palabras las ya dichas.

El guapo posó en la silla en un amago de balanceo fallido, el cuerpo muy hacia atrás, a distancia de un golpe o algo que esperaba. Andaba con ganas de sonreír, pero ni sonreía ni se balanceaba.

Me acalambraban los nervios. Cada vez daba más fuerte con las fichas.

—A lo mejos es que quieres jugar con las mías. Venga, ¿quieres?

Se le achicaron los ojos. Apenas le quedó lo negro de la tez en la cara, como una barrera o finta de su pensamiento. Quería borrarse o escaparse, o sólo quería esconder el ansia que le traía y llevaba por dentro.

Los abrió de pronto y miraron por encima y detrás de mí, fofamente.

—¿Pasa algo, madre?

Rosa no nos entendía a nosotros. Josefa descolgó el trapo en una mano, en un descanso, y le devolvió la pregunta en silencio.

—¿Quieres que me quede?

Ya no había la inquietud del principio, más bien un despego duro de lo que sucedía. Ni Pepito ni yo asomábamos en su pregunta: éramos la molestia por culpa de la que preguntaba.

—Entonces, me voy.

La faltaba escupir y borrarnos en el suelo. Fui tras ella. La madre me siguió los pasos y rumió algo que no escuché. La silla de Pepito no pude oírla.

No sabía adónde iba yo. Tenía que seguirla por lo mismo que no podía dejar de mirar el túnel hasta lo hondo y preguntarme dónde estaba. Había noticias escritas en los ojos de la gente, bastaba con leer y hacer la magia.

Al darse cuenta, se apuró en cerrar la puerta de la escalera y correr por ella.

No llegó lejos. Atrapé su bolso antes de que saliera al portal. Lo sufrió como un golpe, porque se quedó lo más tiesa y de espaldas. La volví a la fuerza. No dijo nada.

Sólo quería apretarla en la dureza, acercar a lo vivo su cara a la mía.

Crispó la boca y sus labios blanquearon.

Quería preguntarme dónde estaba entonces y no volver a soñar y no saberlo, ver en su reflejo orillas que yo no veía, mundos que no conocía.

Pero vi sus ojos de acero y las letras borradas de los caminos. Era peor que verme a mí mirando la pesadilla. Yo miraba y los ojos de los otros lugares no me veían a mí.

Apreté con más fuerza, tal vez había que olvidarse de las fotografías y hacer daño para que en el dolor aparecieran caras nuevas y así, en esas caras matar lo que se repetía, lo de siempre, el horror de no moverse ante lo que siempre estaba quieto.

—¿Qué haces? —le salió del fondo, sin forma, en una queja.

Se me ocurría decirle que ya no era un corredor, pero después de eso, nada más se me ocurría. Bueno, también que ya era muy tarde para dejar de serlo. Luego, nada.

—Tienes que soltarme.

No la escuchaba, en la espera de que a mi espalda Pepito hubiera desenfundado su brillante pistolín y apuntara su única bala dorada a la trastera de mi corazón. La esperanza me daba fuerzas para mirar a Rosa y no soltarla. Acaso se aproximaba lentamente para asegurar el tiro en mí y no tocarla a ella. Ya casi sentía la brecha limpia y caliente con la bovedilla del orificio que llegaba hasta dentro sin dolor, avisando que venía el reposo y el fin.

—Suéltame. No seas tan pobre hombre.

Igual que el disparo. Algo se durmió de repente y me encontré con los brazos caídos en un portal en el que me parecía no haber estado nunca, contando estrellas opacas a través de un cielo con desconchados.

Rosa hizo un movimiento antes de irse. No sé qué fue. Había penumbra que no había visto antes. Como la del túnel. Y no tenía magia para salir de allí, sólo un sitio para sentarse a la desesperación y, a lo mejor, llorar, como la vez de la muralla el día de lluvia descorrida en Ciudad Rodrigo, cuando juré que no volvería a llorar.

CRISIS XVI

Tenía su gracia, así, de pronto, como si fuera una vez más y no la definitiva.

Estaba asomado al balcón, pulsando el aire, interrogando a las nubes que iban por la cuesta abajo del parque del Oeste. El día se presentaba calmo y perfecto para la pista.

Antes, había comprobado las zapatillas, contado y escogido los clavos, repasado la braguilla del pantalón. Llegué a buscar dos imperdibles de los que siempre faltaban en el dorsal. Hasta guardé en el chandal la llave de clavos, lo que era de una meticulosidad sin pasado. La gracia andaba en tanta precaución, tanto detalle, tanto sistema para el tajo final.

Día perfecto. Los bidones de basura rodaron por la noche y, todavía temprano, parecían un ejército borracho tumbado al relente de la madrugada. Me vino aquel sueño de la enfermedad en el que yo era el último que se acostaba en la fila de cadáveres, junto a mi ejército.

Palpé la rodilla, más que nada por costumbre, sin pensar siquiera en lo que palpaba. No tuve necesidad de más zapato lastrado después de la enfermedad. Tal, que me lo hubiera curado. Puede que uno se enfermara para curarse algo. Y cuando no quisiera curarse, viniera entonces la muerte como consuelo de su no querer.

Me abanicó la cara un rachón caliente. Aquellos calores mal puestos de principio de verano nunca decían nada. La lluvia o la nieve tenían formas. Valían para las imaginaciones. El calor era sólo envoltura espesa que dejaba ver lo de siempre. A lo mejor había salido al balcón para ver augurios: un cuervo negro dando picotazos a una antena, las entrañas de un gallo colgando de los canalones. Ni la calle ni el cielo guardaban señales para mí. Más allá de aquel cielo, seguro que había otra calle con bidones tumbados y un tipo mirando otro cielo desde otro balcón.

Del portal de la casa salió una pareja de universitarias con cara sonámbula y aire teresiano. No las había visto antes. Andaban como dormidas contra los libros y el sueño en el examen que se les venía. Lo lejos que estaba mi latín y mi lógica. No lo intentaría más veces. Había un número de intentos para cada cosa, igual que había un número de desgracias, luego del cual ya nadie podía ser desgraciado porque no le quedaba con qué. Lo recordaba: filosofía pura y atletismo puro. Pero todo, me repetía, estaba más sucio que los recuerdos y nadie me había mirado de aquella manera en que se salvan hasta los injustos. Nadie tiraría del sedal, nada, para sacarme a la superficie y echar un vistazo y tomar aire.

Bueno, se estaba haciendo tarde. Había estado muy meticuloso; no era cuestión de llegar a deshora y echarlo a perder.

Volví adentro sin averiguar lo que sucedía aquella mañana. No me hubiera importado un pequeño adelanto, un «traile» o algo así, aunque no fuera de mi gusto: imposible volverse atrás.

La penumbra del pasillo se cortaba en la luz de la cocina. No quería cruzarme con Josefa. No se trataba de vergüenza, era sólo que no tenía prevista su mirada y una palabra podía hacerme tropezar.

Cogí la bolsa y salí de la habitación sin hacer ruido, pero delante del salón salió su voz al encuentro. Di un paso o dos antes de darme cuenta de que tenía que responder.

—Parece que se va usted a marchar...

—Sí, señora.

—Me lo hubiera dicho sin necesidad de esto —agitó en la mano el papel que le dejé en la cocina—. ¿No pensaba usted despedirse?

—Sí, señora. Pero decírselo, se lo quería decir así.

Pensó un momento.

—¿Se marcha a otra pensión?

No pude menos que reírme y me salió tan limpia la risa que hice una mueca para cortarla.

—¿Por qué se ríe? ¿Es que no puede ser?

—No cambio de pensión.
—La primera vez que le veo reírse sin malos presentimientos. ¿Y para dónde tira?
—Qué preguntas, Josefa.
—¿Es que tampoco es pregunta?
—Voy con prisa...
—¿A correr?
Meneé la bolsa.
—Diga que se va a despedir.
—Dicho.
—Suerte, chiquillo...
—La tengo a quintales, doña Pepa.

Mientras rodeaba el parque, me vi desde fuera, como si mirara otro, caminando con la bolsa que ya no era la vieja bolsa de cuadros del mercado, como tampoco era el mismo el que la llevaba. Me lanzaba miradas antiguas. Recordaba mal lo de antes, el haber sido, el fuese de las zapatillas «Tao» o, más en lo próximo, de Teresa, y el resto en la misma nebulosa. El presente estaba demasiado hondo. Sin embargo, podía ver con aquellos ojos perdidos. Sabía cómo miraba entonces, aquella exactitud de álbum pasado que graba lo de fuera y pierde al fotógrafo.

Forma de mirarme desde fuera y antigua en la que yo no era como debía de haber sido. Sólo se parecían las piernas largas y aquel rostro que enfocaba las cosas con retroceso, como las carabinas. Aunque me doliera la mirada, yo seguiría bajando por la avenida de Séneca y cruzando el pasillo de los colegios. El presente estaba demasiado hondo.

Cómo sobrevuelan los ojos perdidos. Un hombre con una bolsa de nylon. Dobla y enfila un paseo. Cambia la bolsa de costado sobre la marcha. Un edificio, un jardín y el hombre por enmedio. No va a decir nada, no piensa en nada. Puede seguir andando y pasarse del sitio adonde va. Quizá se quede clavado y ya no pueda continuar. Acaso tropiece con una escalera que baja al centro de la tierra y, distraído, se sepulte para siempre jamás, desaparezca. No va a decir nada.

Llego. Giro el picaporte y la colección de caras ya está allí. Tampoco ellas van a decir nada. Parlotean y hacen muecas con sordina, el truco de los trompetistas cuando quieren soplar hacia adentro. Hay músicas que suenan afuera, pero que sólo se escuchan adentro. Puede que esta mañana todos llevemos un trapo en la boca del instrumento. Lo que escuchamos sólo tiene nuestra melodía. O nuestro ruido.

Los pocos que estamos. Cada vez menos. Cómo se vuelven desiertos los sitios. Se han ido yendo o fugando. Fugando. Se fueron. Estamos los esquinados. Lucio, Bilbao, yo, y los otros pocos que no se sabe qué piensan o que no saben dónde podrían ir. Becerril se apoya en el puño, tal, que se lo come. Parece un crío que no sabe qué decir y espera que le digan algo. Le recordaré así.

Me desvisto con lentitud. Necesito respirar hondo, hay un nervio nuevo que suelta el látigo y el aire, si es aire suficiente, le adormece un segundo. Aparte, cuesta un imperio sacarse la ropa de calle. El aire hondo también beneficia ese trabajo de cambiarse la piel y que acaba en sangradura. Siempre costó más que nada. A los otros, igual; lo tengo muy oído. Vienen clarividencias: todo costó siempre mucho, correr fue siempre lo de menos. El problema era llegar hasta la carrera, saltar esos mil detalles torturantes, correr sobre ellos para poder correr. O sea, no orinar sangre, no tener rodillas que repitan las historias que se quieren olvidar, cambiar de cabeza cuando es más rápida que las piernas, no llevar a los músculos sangre amargada de otras ilusiones, no desfondarse cada vez que hay que quitarse la ropa, no meterse en cansancios que no son de uno, ni siquiera en los de uno, a no ser por el gustazo de escupirlos, como a los miedos, contra pavimentos que no volveremos a pisar.

Los que pueden saltar sobre las puntas de esos peligros son los mismos que después no respiran en los metros finales, que se hacen con el olvido de lo sufrido y no alientan porque el cuerpo ha pasado a otro universo.

A ver si me desvisto.

—¿Qué te ha dicho el jefe, Becerril?

Alguien lo ha preguntado sin convicción, como estando ya en el secreto, sólo para que los otros también se enteren.

—Que estará abajo para el mil quinientos. Que calentéis bien.

—¿Cuándo se marcha? —habla Colás «El Viejo».

—Ya se ha marchado. Con ésta se despide. Se va a la enseñanza.

—Al cementerio de elefantes, querrás decir.

—¿Qué quieres decir con eso, chaval? —Becerril chocado y soltando un temor.

—Cosas profundas, Becerril.

—¡Dilo, coño! ¡Qué pasa aquí!

El conserje deslumbra. Nunca le he visto así, cabreado y más cosas al tiempo. El misterio es cómo se rompe la fibra que no han tocado cuarenta años de lo mismo.

Colás le otea con extrañeza. Becerril se sale del mostrador y se queda a un paso.

—¡Venga, que te estoy oyendo!

—Vale, Berraquito. Ya va. Tranquilo.

No me gusta la cara de Becerril. También Bilbao se ha percatado. Da una zancada que no es como las demás. Bilbao y yo nos levantamos al tiempo. Colás se sigue metiendo el chandal sin mirarle: ya se ha dado cuenta y empieza a charlar con ligereza, como si no le hubiera entremetido la fiebre del otro.

—No es nada, hombre. Cosas que se dicen. Que los elefantes cuando se sienten morir buscan el camino del cementerio donde acaban todos los elefantes. Y se pueden pasar años buscándolo, que es lo más curioso. En vez de pasarlos viviendo, pues se los pasan desvividos, porque yo creo que en vez de morirse es que se quieren morir. También les ocurre a otros animales grandes, como las ballenas. Grandes y antiguos, yo qué sé, da qué pensar.

—Dices gilipolleces, Colás.

Y Becerril se vuelve al mostrador a meterse el puño en la boca, con la diferencia de que ha abierto más los ojos, como para que no le vuelvan a coger desprevenido.

Ha habido un momento en el que Lucio, Bilbao y yo nos hemos puesto a desenroscar clavos a la vez. Ha sido muy mala la sensación. Como cuando dos que no se conocen y se sientan en la misma mesa del restaurante económico, coinciden en meterse la cuchara en la boca.

Aquí no es lo mismo, pero se parece en que no se quiere vínculo. No, no está mal: lo que no se quiere es que sea benevolente. El vínculo es que no se puede evitar.

Qué mala sensación. Dios. Hasta me raspa la boca. Entonces, todos nos hemos puesto a hacer otra cosa con tal de que fuera diversa. Bilbao ha encontrado revoltijos en la bolsa. Lucio se disparó a las duchas. Yo cuento mis imperdibles.

Olvidemos los clavos para más adelante.

Cuando Becerril apuró a Colás y me puse de pie sin pensarlo, noté una dureza en las corvas, de estar sentado mucho tiempo. Y no lo he estado. Temo por la rodilla. Tocan a vísperas.

Y al final nos hemos quedado solos. No ahora, eso daría igual. Solos a lo grande, sin Barbeitos, sin «cuadra», sin futuro. No obstante, juntos. Nada podría separarnos en el día de hoy.

Otra clarividencia. Cuánto escrito sobre corredores: soledades y más soledades, individualismo y más individualismo, introversiones, reconcentraciones y medio litro de espíritu deportivo para que fuera pasando. Ni Lucio, ni Bilbao ni yo somos individualistas. Es que estamos solos. Por eso nos necesitamos tanto ahora. Cuando se está solo se escoge del revés, o sea, que no se escoge, quiero decir, deja uno que le escojan.

A ver por qué me ha dado por la clarividencia. A ver por qué no callo tanto pensar deslenguado que me aparece como a todos, cuando no sé qué hacer o qué va a pasar.

Una cosa más. Estamos juntos, sí. Nos necesitamos para matar el recuerdo de los otros. Para matar, en fin. Se aguanta mejor la soledad si es uno el que ha liquidado a los que no iban a quedarse con él.

Ya no somos corredores. Es como no estar bautizados, no haber sido lo que éramos. Por eso podemos disparar entre nosotros. Dentro de poco o de mucho sólo uno será capaz de decir «yo gané al final», lo que borra a los otros quitándoles su recuerdo, no sé por qué, pero se matarán recuerdos.

Salimos juntos del vestuario. Uno se ha levantado y los otros le hemos seguido. Esperamos a que Becerril colgara las perchas y dijera lo que tenía que decir para darnos la vuelta. Lo que son las costumbres. Y mucho que importan cuando ya no importa nada. Nos soltó su ánimo, como si alguien se lo pudiera creer, y nos marchamos a pensar que, a la vuelta, encontraríamos un elefante menos y que su senda no cruzaba por la escalera del sótano donde siempre se ensimismaba.

Siempre animó lo mismo.
—¡A matar, chavales! A matar... ¡Hala Madrid!
Verdades que se dicen. Valen una vez y luego se vacían.

Mi pensamiento me resultaba el pensamiento de los tres. No tenía por qué, pero lo fácil era creerlo. De otra forma, no andaríamos calentando como buenos camaradas, Bilbao marcando por delante, Lucio a las nerviosidades de lo que pasa en la pista.

Las gradas tienen ambiente rutinario, de poca gente.

No habíamos escogido, como en las películas, un encuentro concluyente contra el rival viejo y sagrado al final de una liga. La temporada escolar importa lo mínimo. Demasiado pronto para los records y para encontrar a nadie en su punto. Es, como mucho, momento para hacer pie en la distancia y rodarse por el ferastán o la tierra batida. Cambiar los accidentes del campo a través por el tiempo y silencio de lo liso. Los preparadores bostezan tras las gafas de sol. Los jueces desperezan el escudo de sus uniformes. Los atletas juegan con sus zapatillas y aguardan sin rencor un disparo más blando que el que recuerdan. Los cronómetros no tienen prisa, las jabalinas duermen en el aire y se derrumban en seguida. Hay ganas en el desperezarse, pero hay pereza y entonces todo se hace con ritmo y sin convicción.

Cuarenta minutos para la prueba. Hace rato que empezaron los saltos y el peso. Se intercalan con series de velocidad. El día y el cielo siguen igual, sin aventurar nada.

Lo que nunca me ha pasado: miro a la grada esperando tropezarme una cara conocida. Paso la tercera vez y me doy cuenta de que hay una cara a la que espero más que a las otras. Le sucede a los reos. Son fuertes: de pronto suben la escalinata, les ciega el sol que pasa por la horca y les entra miedo de morirse solos. A lo último, gritan para sus adentros: «¡¿Hay alguien por ahí?! ¡¿Hay alguien que pueda escucharme?!»

No una, varias caras más que las otras y todas imposibles. Colás se cruza del revés y larga la broma. Ganas de irme con él. O ganas de ir como él. No debo mirar gradas vacías.

Bilbao fuerza el trote. A la huida de malos pensamientos. Podríamos tropezar con una fantasía de rostro humano y todo estaría perdido. Bilbao quiere matarla con sudor y azogue. Lo que pensamos no nos piensa y sólo es cuestión de correr. Un par de vueltas alrededor del mundo y se ha cambiado el mundo. Y si a la dos no ha cambiado, es que cambiará en la tres, en la cuatro o en la diez. No hay que pararse y no habrá desesperación. Pero nosotros... Cuando nos paremos, entonces. ¿Y entonces? No hay entonces, ahora.

Se ha pegado de hombros. Estoy a un metro de lejanía. Dejan por el costado, como un lastre, el reojo de desconfianza. Esa forma de ir juntos, frotarse con la piel enemiga para gastarla y descomponerla con el poco a poco del roce y llegar hasta la marca roja y después la herida. Me quieren ahí, en el abrazo que deja llagas sin ruido.

Ya está. Tan cerca que no les veo. Confusión de sofocos y ritmo sin freno. Las gradas giran, la pista gira con sus jueces y sus estampidos de pólvora, los saltadores impulsan hacia arriba pero giran en la misma vuelta, nosotros no corremos alrededor, es todo lo demás lo que ya no puede detenerse y va tan rápido como le hacemos ir.

Barbeitos, delante. Recostado en la valla con las gafas indiferentes. No ha hecho seña. Paramos, de todos modos. Le rodeamos como siempre, a esperar que nos dé el soporte y adelante con su magia un poco de lo que vendrá. Es su trabajo. Predecir, consolar. Lo otro está hecho, los años, los kilómetros. Tal vez, predice para consolar y no pueda ir uno sin lo otro. Nunca lo había pensado. Es la necesidad que no me aburre de saber cualquier cosa de lo próximo. Tanta magia para apremiar tanto vacío.

No quiere hablar. Hace un gesto como si todo estuviera escrito por encima de la coronilla de la gente. Estar los tres juntos es hacerle la misma pregunta. El y nosotros nos lo sabemos todo. Lo distinto son los cementerios a los que nos vamos. Por eso, no debería temer que le preguntemos por qué se va y nosotros que pregunte otra cosa. Lo difícil es que se haga la conversación. Imagino que continuaremos sin haber enganchado la palabra. Aunque sea todo falso, es importante decir lo que sea.

—Rodaros, sólo. Hoy no es importante.

—Jornada de poco, claro —señal de Lucio.

—Pensar para septiembre. Con vuestro invierno no será antes.

—¿Hay gente? —voz de Bilbao a la deriva.

—Nadie. Es pronto. Para vosotros es distinto... —ha hecho una pausa que se le ha estirado mucho— ... con la pista cogeréis cuerpo.

—Sobre cuatro, entonces —le digo.

—Menos al final. Sobre cuatro, los mil cien o mil doscientos. El cambio que sea largo, nada de esprintar a cien o cincuenta y en absoluto sacar punta en el contraesprint. Un cambio largo, ya os lo he dicho, a los tres o cuatrocientos, tampoco a los quinientos. Bajar los cuatro o cinco segundos y quedarse en los tres cincuenta y tantos. Marcaros y entrar juntos. Sin pique.

—Estarás por ahí.

—Daré parciales. Si os sale de otra manera, a vuestro aire. En la curva de doscientos, como siempre. Bilbao, tú marcas. Charro, sólo al cambio.

Se pone recto y otra vez el gesto que ahora anuncia despedida. Todo escrito por encima de la coronilla de la gente.

—Pensar en septiembre...

—Claro —termina Lucio.

Nos vamos con la lentitud de lo pensado. «Septiembre» tiene eco de cita en lugar desconocido: es decir, una hora y un piso de un rascacielos en una ciudad de América, una América como la de Vidal, y saber que lo arrancaremos de la agenda por despiste y por olvido.

Otra cosa, ya a distancia:

—¿Cómo va esa rodilla, Charro?

—Sin tristezas. Ya veremos.

Yo le preguntaría y no le preguntaría dónde va a enseñar, si le quisieron los del Club de Campo, si van a fundar una escuela de atletas para que él les enseñe a llevar las camisetas de la moda de primavera del «Corte Inglés», si se dedicaría a la conferencia del pasado huido donde todos sus atletas le llegaban fugados y donde, al final, se fugaron lo mismo.

Me ha mellado lo de preguntarme por mi rodilla. No era cosa esperable: forma de preguntarme por lo que yo no le he preguntado. Tampoco quería, de lo contrario no hubiera aguardado a la despedida. Cualquiera sabe. De todos modos, cuando dos quedan sin responderse es como si se hubieran despedido para siempre. Las despedidas son preguntas no hechas o respuestas no dadas. Cuando la gente se dice «adiós» se manda muy lejos, se rebotan hasta donde Dios las para, por eso se dicen «adiós».

Bilbao repite el pisotón del acelerador. Se va por los miedos. Una vez le dije que los kamikaces no estaban ya de moda. El buscaba otra ocasión que sería distinta. Le advertí que se mearía las tripas. Ahora cree que su miedo es papel y que le prenderá fuego con sólo meter prisa. Si explota o no, quiere saberlo desde antes. El miedo le acelera más. Y Barbeitos mirándole como si nada. Y nosotros mirándole como si nada. No sé por qué pensamos que si su sangre nos empapa se secará en seguida. Sé lo que pasará y no haré nada, como si todavía estuviera a punto de tragarle la arista de piedra del día que me contó lo suyo, aunque sea ya todo distinto porque es su suerte, la maldita suerte inventada en la que nos jugamos todo lo que inventamos. Adiós, Barbeitos. Adiós, Bilbao.

«No sé lo que te pasaría en Salamanca», dijo Bilbao aquella vez. Sale porque pienso en Bilbao y en lo que Bilbao ha sido y en que adiós, Bilbao. Y porque cuando uno se despide le aparecen todas las memorias inmemorables y se da a lo incierto.

No he querido pensar en ello. Además, la marcha que llevamos es muy fuerte y no tengo por qué. De hecho, no pensaré. No, nada. Es que los muchos años se resumen en pocas palabras y no quiero resumir. Hubiera querido vivir a lo profundo y tener justo lo contrario: un minuto de muchas palabras, días como bibliotecas. Sólo tengo tramos a toda velocidad y diez palabras sirven para lo vivido y para lo porvenir.

Qué hice en Salamanca. No, no quiero pensarlo. Qué hice. Ahí van las pocas palabras: esperaba a Teresa. Ya.
Quería estudiar Filosofía, pero esperaba a Teresa. Al cabo, me enteré de que Teresa estudiaba en Valladolid y no donde pensaba encontrarla. Ya.

¿Cuándo pasó? No importa. El tiempo que fue me cogió en la cima del monte. La cima que dura lo que dura el prepararse para bajar lo subido con la dulzura mayor, sin resistencias, que de todas, todas, hay que bajar. Hice mis marcas y rompí mis moldes y rocé los techos que se sospechaban. Ya.

No recuerdo al que me lo contó. Yo no quería informarme. Así, no. Quería encontrarla. Buscaba el tropiezo. Dijo Valladolid y supe que tenía que irme. A Madrid llegué con fama, con oro de campeonato nacional en los bolsillos, y con ese oro entré en el Real. Ya.

Cines baratos, filosofías frustradas, techos de pensión bien investigados, superficies de Salamanca bien caminadas, superficies. Después, Madrid. Esperaban una figura y yo bajaba del monte. Ahora, sí. Ya. Teresa. Ya.

Veo a Lucio quitarse el chandal y no se me ocurre nada. A Bilbao, y lo mismo.
Se quedan mirando. Tienen puestos los clavos y me extraña. Creo que no quiero verlos para no quitarme el chandal. Ni ponerme los clavos. No saldré. Está decidido.
—Oye, ya.
Escucho otra vez:
—Que ya, Charro.
A Bilbao y Lucio les suena metálico el aviso.

Vuelvo al chandal y a los clavos. Se despistan.

Hay gente en línea. Barbeitos en posición. Siento la tranquilidad de las zapatillas levantando machones de tierra. Los clavos son para matar recuerdos, para matar. Bilbao meará sangre. Lucio no tocará el suelo en su oscuridad.

En línea. Pistoletazo. Llevamos pólvora y nos hacemos el sitio en seguida. Aparentamos liebres de nosotros mismos. Un temor en las piernas y el corazón de que no acabaremos y de que ninguno se va a retirar. Como si el tiro hubiera pasado por medio de cada uno y ya nada.

Lucio a codazos. Cómo es posible. Algún día... Ja. No vale la pena pensarlo. Que disfrute. A lo mejor cree que la parte dura en la que se mete su codo es sólo carne de la oscuridad que ha visto. Adiós, Lucio.

Doscientos. Meta. El infierno sube por el esternón. Tendría que haber otra manera de sufrir ese infierno. Otra manera minúscula que tarda en descubrirse. No sé si me entiendo. Se trataría... es difícil ahora.

Bilbao, matando. Los tres al roce. La llaga sin ruido. La herida del sudor del otro.

Cuatrocientos. Demasiado rápido. Demasiado imposible. Lo sé porque Barbeitos se ha descolgado el cronómetro, ha mirado lo escrito del cielo y se ha puesto a andar con abandono por el césped. Está lo suyo cumplido. Es nuestro desgaire. Lo advirtió porque ya lo sabía. Ni siquiera dijo. Allá cada uno con el cemento de su imposible.

Y tanto. Un segundo, un metro más y ya ni estaremos ni seremos. La «pájara» se aprontará. El pelotón sacará su perfil. Comerán con los ojos y nos devorarán con las piernas. Y no abandonaremos mientras otros sigan. Entonces no será más «pájara», sino segundo aliento, vivos, pero sin vivir, siguen las piernas, el cuerpo, el corazón ya no asiste. La cabeza en otra región.

¿Será así? Eso es.

Segundo aliento. ¡Lo que queda de la vida! Sólo está andada la mitad de todas las distancias. No era el cementerio. No era eso. No para nosotros.

Eso es. Todo lo que falta con segundo aliento. La mitad está vivida, la otra mitad sin aliento, sin escucharse, como siempre acabando.

Medio fondo. Aptos para la media distancia, para la mitad de todo. Un poco de rapidez y un poco de fondo. Segundo aliento ya sin respirar.

Sin respirar. El resto será igual. El resto de después del final.

Nadie se atreverá a respirar. Lo que queda es el sin sentir de la sangre. Mi rodilla ya no es posible.

Ochocientos metros. ¿Será así?

¿Será así?

Nada duele...

ESTE LIBRO SE TERMINO DE IMPRIMIR
EN LOS TALLERES GRAFICOS DE UNIGRAF, S. A.
POLIGONO EL PALOMO,
FUENLABRADA, MADRID
EL MES DE OCTUBRE DE 1984.

ESTE LIBRO SE TERMINÓ DE IMPRIMIR
EN LOS TALLERES GRÁFICOS DE IMPRENTA
FRANCO-ESPAÑOLA
QUINTANA, 33. MADRID
EL MES DE OCTUBRE DE 1944